ASANAS E PARÁBOLAS

Zo Newell

ASANAS E PARÁBOLAS

A Sabedoria do Yoga e da Filosofia Vedanta para o Yogue Moderno

Tradução

MARCIA FIKER

Editora Pensamento
SÃO PAULO

Título do original: *Downward Dogs & Warriors.*

Coordenação editorial: Denise de C. Rocha Delela e Roseli de S. Ferraz
Preparação de originais: Maria Sylvia Correa
Revisão: Indiara Faria Kayo

Dados Internacionais de Catalogação na Publicação (CIP)
(Câmara Brasileira do Livro, SP, Brasil)

Newell, Zo
Asanas e Parábolas : A sabedoria do Yoga e da Filosofia Vedanta para o Yogue Moderno / Zo Newell ; tradução Marcia Fiker. – São Paulo: Pensamento, 2010.

ISBN 978-85-315-1698-6

1. Yoga 2. Mitologia indiana. I. Título.

10-11299 CDD-181.45

Índices para catálogo sistemático:

1. Yoga : Escola filosófica : Filosofia indiana 181.45

O primeiro número à esquerda indica a edição, ou reedição, desta obra. A primeira dezena à direita indica o ano em que esta edição, ou reedição, foi publicada.

Edição	Ano
1-2-3-4-5-6-7-8-9-10-11	11-12-13-14-15-16

Direitos de tradução para a língua portuguesa
adquiridos com exclusividade pela
EDITORA PENSAMENTO-CULTRIX LTDA.
Rua Dr. Mário Vicente, 368 — 04270-000 — São Paulo, SP
Fone: 2066-9000 — Fax: 2066-9008
E-mail: pensamento@cultrix.com.br
http://www.pensamento-cultrix.com.br
que se reserva a propriedade literária desta tradução.
Foi feito o depósito legal.

Este livro é dedicado
ao Altíssimo
e a você, leitor.

Sumário

Introdução ... 9
pela dra. Judith Hanson Lasater

Prefácio ... 11
Como usar este livro

Apresentação ... 15
Uma trajetória pessoal

Shiva, Parvati e Yoga ... 25

Shiva, o Destruidor ... 33
Posturas do Guerreiro (*virabhadrasana*)

Parvati ... 41
Postura da Montanha (*tadasana*)

Shiva em Meditação ... 47
Postura Simples (*sukhasana*)

A Dança de Shiva ... 53
Postura do Bailarino (*natarajasana*)

Os Três Rostos de Dattatreya 59
Postura do Triângulo (*trikonasana*)

O Senhor das Cobras 65
Postura da Cobra (*bhujangasana*)

Shiva como Mendigo 71
Posturas do Cachorro Olhando para Baixo e para Cima
(*adhomukhashvanasana e urdhvamukhashvanasana*)

Por que Shiva Tem a Lua em seu Cabelo 79
Postura da Meia-Lua (*ardhachandrasana*)

Como o Rio Ganges Caiu na Terra 87
Postura com as Pernas Levantadas contra a Parede (*viparita karani*)

O Arco de Shiva 95
Postura do Arco (*dhanurasana*)

Shiva e seu Touro, Nandi 103
Postura da Cara de Vaca (*gomukhasana*)

Libertação do Cativeiro 111
Postura do Laço (*pashasana*)

Meditação sobre a Morte 119
Postura do Cadáver (*shavasana*)

Bibliografia 125

Introdução

Como acontece com muitos alunos, minha primeira breve experiência com o yoga deu-se no aprendizado das posturas em uma aula de asanas. Eu me apaixonei pelas formas e sensações, porém também fiquei intrigada com os nomes sânscritos. Comecei a realizar leituras e estudos sobre o yoga e gostava de explorar a filosofia dessa arte antiga sempre que estivesse disponível. Aprendi apenas algumas coisas acerca da origem dos nomes dos asanas, mas foi o suficiente para compreender que essas histórias poderosas davam forma ao tecido da cultura indiana, a partir da qual se originou o yoga.

Assim, por dois motivos agradou-me a leitura de *Asanas e Parábolas*. Em primeiro lugar, foi um grande prazer ver tantas histórias implícitas nas posturas reunidas em um só local e incluídas no formato de práticas. Também gostei de ver como cada história foi personificada por uma postura e, por outro lado, como cada postura foi relacionada à sua história. Na condição de leitores, podemos, primeiro, aprender a história e depois descobrir a postura. Ou, no caso de já termos explorado a postura, podemos aprofundar essa exploração lendo a história que a inspirou.

Mas gostei do livro por outro motivo também. Fiquei especialmente tocada pelo que Zo escreveu, de coração, a respeito de seu passado. Fiquei fascinada e inspirada por sua história pessoal, a maneira como ela chegou a amar e confiar na sabedoria das histórias, e como estas a guiaram nos períodos difíceis de seus anos de crescimento.

Em *Asanas e Parábolas*, Zo não apenas relata essas histórias, recontadas muitas vezes, de uma maneira clara e prática, mas é também espirituosa e nos pega desprevenidos, de modo que percebamos as lições que estamos recebendo. Ela está gentilmente contribuindo para a nossa sabedoria, exatamente como seu professor a ensinou.

A primeira vez que encontrei Zo foi como aluna de minha aula de yoga. No decorrer dos anos, ela se tornou uma colega e amiga. Fico sempre satisfeita quando vejo seu nome na lista de alunos inscritos para um workshop, porque sei que ela irá contribuir de várias maneiras durante o tempo que passar com seus colegas e comigo na classe. Mesclando clareza de visão e certa presença de espírito picante, a sua arrastada e suave fala sulista pode, à vezes, ocultar uma inteligência arguta, mas nunca o seu coração bondoso.

Eu sinceramente recomendo muito este livro, tanto para iniciantes como para praticantes com experiência. Pegue-o, leia as histórias e depois, no seu tapete de borracha para a prática do yoga, experimente corporificá-las. O mundo se tornará um lugar melhor. Obrigada, Zo, por este presente.

Dra. Judith Hanson Lasater

Prefácio

Como usar este livro

Existem muitos livros excelentes acerca de como fazer os asanas, mas este não é um deles. Este livro trata do uso dos asanas e das imagens a eles relacionadas para a reflexão, a introspecção e a cura. Eu examino o uso dos asanas, da mitologia e do conjunto de imagens evocativas em termos culturais, como ferramentas para aprofundar a sua prática de yoga através da observação de seu corpo, mente e emoções.

No campo da antropologia, a *cura simbólica* refere-se à estrutura profunda que parece ser a base da experiência universal da cura. Essa experiência muitas vezes ocorre de maneira espontânea em resposta a um mito particular, ou a uma história verdadeira em termos psicológicos. Os indivíduos reconhecem, em geral num nível muito profundo e não intelectual, que uma história específica de algum modo "fala" com sua sensação de sofrimento. As suas emoções se vinculam aos símbolos na história; e, na medida em que escutam a história, contemplam o símbolo significativo em termos emocionais e vivenciam a resolução, juntamente com os personagens na história, eles passam por uma transformação curativa de um dilema pessoal.

A filosofia do yoga pressupõe que a vida humana envolve sofrimento, porque confundimos o mundo e o corpo físico com algo de importância e valor espiritual duradouro. A prática do yoga, conforme explicada por Patanjali (cerca de 200 a.C.) no *Yoga Sutra*, é um processo de desidentificação com o corpo e as coisas que mudam, redirecionando nosso senso de unidade para o eterno e o imutável.

Patanjali identifica *svadhyaya,* o estudo de si mesmo, como uma das três técnicas em seu sistema de kriya yoga. Em termos tradicionais, *svadhyaya* significa "revisar" (*adhyayana*) os textos sagrados, tais como os Vedas ou tratados sobre a liberação espiritual, bem como a repetição de preces purificadoras, tais como a sílaba sagrada *Om*. Essa revisão dos detalhes envolve considerar algo na mente repetidas vezes, recitar algo até que seja memorizado, decorado, incorporado. É claro que isso é muito diferente de estudar algo para ter informação, ou de ler sobre um tema.

Michelangelo dizia que para esculpir um cavalo, ele simplesmente removia do mármore tudo o que não era cavalo. No yoga de Patanjali, recebemos instruções de como remover da consciência tudo o que não é compatível com a iluminação, que é nosso estado natural. Não nos tornamos outra pessoa, alguém iluminado; nós nos tornamos o nosso eu mais autêntico, quer dizer, alguém que é a própria iluminação, quando as crenças que impomos a nós mesmos nas limitações são postas na perspectiva adequada.

Parece-me que o processo de svadhyaya, o retorno repetido e devotado a um texto sagrado ou prece até que ele cante em nossas veias, inclui um processo de discriminar a parte – perdoem minhas metáforas –, que é cavalo da parte que não é cavalo. Quanto mais plena for a nossa incorporação do ensinamento sagrado, mais fácil será ver o que deve mudar, ou ser descartado, para dar espaço ao que estamos nos tornando.

A terceira ramificação do yoga de Patanjali é *asana,* a dimensão física da prática do yoga e a mais conhecida dos ocidentais. Através da prática de asanas, tornamo-nos cada vez mais conscientes não apenas de nosso corpo físico, mas também de nossa dimensão emocional e energética. O asana é um espelho da autoconsciência.

Mas os asanas que praticamos são apenas o topo de um enorme iceberg cultural e espiritual. O topo – as posturas físicas e seu efeito em nossos músculos, ossos, circulação e respiração – são tão envolventes em si mesmos que, na medida em que o yoga se tornou cada vez mais popular no Ocidente, parecemos ter perdido de vista, ou da consciência, aquilo que está abaixo da superfície. A rica tradição artística e mitológica da Índia, quando trazida à consciência juntamente com o asana, transforma cada postura em uma lente através da qual podemos descobrir nossas facetas ocultas e possibilidades. Juntas, a postura, a história e a imagem artística, alargam o poder e o alcance da compreensão de nós mesmos; e segundo a minha vivência, o envolvimento com as posturas, histórias e imagens podem induzir uma poderosa experiência de cura simbólica.

Em termos físicos, se alguém quiser corrigir o corpo, deverá ter uma real noção de seu alinhamento incorreto. No início, o professor demonstra a postura e, enquanto aluno, a pessoa tenta reproduzir o que vê. Mas o corpo tem hábitos próprios, tão familiares que são inconscientes. A pessoa não tem consciência de que o ombro esquerdo está mais alto que o direito; para ela, eles parecem no mesmo nível. Entretanto, o seu professor enxerga a discrepância e chamará a atenção várias vezes para isso, até a pessoa aprender a discernir por si mesma e corrigir o desequilíbrio com consciência. Assim se começa a incorporar um ensinamento específico. Aprende-se a confiar na própria sensação interna, em vez da correção do professor externo. Tem início, por assim dizer, a cura do desequilíbrio que se expressava nos ombros desiguais. A pessoa começará a sentir, de uma maneira completamente não cognitiva, de que modo a postura, a imagem do equilíbrio, se expressa nela.

Os asanas que selecionei para este livro estão livremente organizados em torno da figura central de Shiva, o Senhor dos Yogues. Diz a tradição que Shiva criou o yoga a pedido de sua esposa Parvati, para ajudar os seres humanos a se libertarem do sofrimento. Alguns asanas relembram diretamente as histórias sobre Shiva e Parvati, outros evocam símbolos, imagens e atributos associados com as tradições sagradas da Índia. Creio que eles lidam com um tema comum ao enigma ou problema da existência humana: o sofrimento. As histórias, personagens e imagens podem nos afetar e transformar de modo espiritual e emocional, enquanto os asanas nos afetam fisicamente.

Deve-se entrar em contato com essas histórias muitas vezes, com devoção. Ao escutar as histórias e pensar sobre elas; ao olhar as representações artísticas de Shiva, Parvati e os seus atributos; ao executar as posturas com um espírito contemplativo; e finalmente com a investigação de si mesmo através de um diário, nós descobrimos quem somos neste momento (ou, melhor dizendo, quem pensamos que somos), bem como a possibilidade de ir além. Demorando-nos nisso, começamos a incorporar alguns dos atributos divinos que contemplamos. Erguemo-nos a um novo nível de liberdade e integridade em nossa prática de asanas e descobrimos maior riqueza e significado na vida fora do tapete de borracha para yoga.

Use este livro, leitor, em sua prática pessoal, escolhendo uma história, um asana ou uma imagem para trabalhar durante o dia, no fim de semana ou durante a semana. Leia a história. Pratique a postura. Contemple a imagem. Deixe que eles penetrem em você, que se tornem parte de você.

Pode-se optar por fazer um diário sobre o processo, escrevendo sobre a sensação nos quadris, na respiração, algo que a história evocou, alguma coisa que parece não ter nada a ver com a postura, mas que quer se manifestar. Trata-se de ver o que está presente em nossa consciência, e não de criar uma obra acabada para publicação. Escolhe-se um limite para cada fragmento escrito: três páginas, ou 15 minutos, parando apenas quando se atingir esse limite.

Todos nós conhecemos a máxima do yoga: "Assim como é no tapete para yoga, será na vida". Se formos persistentes, a nossa prática de asanas não apenas poderá revelar quais articulações ou músculos precisamos fortalecer ou realinhar, mas também onde somos impacientes, preguiçosos, indelicados; e também, esperamos, onde somos pacientes, dedicados, prontos a perdoar. As histórias neste livro oferecem oportunidades para você considerar a si mesmo diante de histórias cujo contexto é significativo para muitas pessoas, em todos os tempos e para "ajustar os seus padrões" em relação aos valores eternos.

Quando eu era criança, ouvia meu guru contar histórias sobre Shiva, Rama, Krishna e suas esposas, amigos e desafios. Ele diria que essas histórias e essas pessoas estão vivas neste exato momento, em nós. Agora adulta, eu continuo a obter tremenda alegria e inspiração do yoga e da arte e mitologia da cultura sagrada da Índia. Quanto mais aprendo, mais fico surpresa e encantada com as novas facetas da joia que é o yoga. Espero que meu entusiasmo seja contagioso e que você, leitor, encontre coisas neste livro que o surpreendam e encantem.

Apresentação

Uma trajetória pessoal

A ideia deste livro nasceu durante o treinamento de professores *Relax and Renew* (Relaxe e Renove-se), de uma semana de duração, conduzido por Judith Lasater em Edmonton, Alberta. Nós compartilhávamos observações acerca do modo como as emoções surgem em várias pessoas nas diversas posturas e nos perguntávamos qual seria a melhor resposta que nós, professores, poderíamos dar quando um aluno mostra claros sinais de profunda emoção (ao soluçar, por exemplo), enquanto todos os outros participantes da aula prosseguem serenamente com a prática.

Uma mulher contou que durante uma aula, um homem, que praticava uma postura de yoga ao seu lado, parecia pronto a explodir de fúria. O rosto dele ficou rubro e a respiração, difícil; parecia que ele estava a ponto de assassinar alguém; ela sentiu-se um pouco apreensiva por estar tão perto da raiva dele. Nada de errado aconteceu na ocasião, mas o modo como o professor lidou com a situação não a satisfez, e isso não saía de sua mente. "Que postura vocês estavam fazendo?", alguém perguntou. "*Virabhadrasana*-guerreiro 2."

"Nossa!", exclamei. "Vocês sabem quem é Virabhadra?" Ninguém sabia, ou pelo menos ninguém quis se levantar e compartilhar com a classe. Contei então a história do casamento de Shiva, do sacrifício de Daksha, e de como a incorporação da ira e da dor havia sido criada de um dos fios de cabelo de Shiva. Todos nós ficamos admirados pela coincidência, se quisermos chamar assim, de ser essa mesma a postura que deixou o tal colega dominado pela raiva. Mais tarde, alguém me pediu para recomendar um livro que contasse as histórias implícitas nas posturas de yoga. Não consegui pensar num único título. Logo me dei conta da inexistência desse livro e assim nasceu a ideia de escrevê-lo. Existem inúmeras fontes de histórias da mitologia indiana, e alguns clássicos do yoga moderno, tais como as obras de B. K. S. Iyengar, reúnem algumas histórias nas discussões dos asanas. Mas em geral elas são encontradas por mero acaso, ou então é preciso saber qual história procuramos para conseguir localizá-la.

A tradição do yoga é muito rica e muito antiga. É também muito indiana, e isso acarreta alguns problemas, ou desafios, para os estudantes ocidentais modernos.

Fui apresentada ao yoga em 1964 quando tinha 14 anos. Foi no verão seguinte ao assassinato do presidente Kennedy, o verão dos Freedom Riders,[1] que viajavam para a América do Sul em seu esforço de pôr um fim à segregação contra os afro-americanos. Timothy Leary havia sido expulso de Harvard, mas o LSD era tão incomum que não era ainda ilegal. Os Beatles ainda não haviam conhecido o Maharishi. A guerra no Vietnã mal era mencionada. As mulheres usavam luvas e meias com costuras que subiam pela parte posterior das pernas. Os toca-fitas portáteis eram coisa do futuro; o rádio transistor era a tecnologia de ponta.

Em minha casa, minha avó havia morrido e minha mãe e eu estávamos envolvidas num combate mortal. Não conseguíamos ficar sob o mesmo teto por muito tempo sem que uma de nós (bem, eu) corresse para o quarto gritando "eu te odeio!" e batendo a porta. Meu pai passava muito tempo fora, em algum lugar, trabalhando, e meu irmão estava temporariamente perdido para mim no mundo dos esportes. Eu era jovem demais para ter um emprego, tinha a impressão de que era jovem demais para fazer *qualquer coisa*, e mesmo que pudesse, eu não tinha meio de transporte. Fazia o que muitas adolescentes fazem em circunstâncias semelhantes: eu me declarei ateia, escrevia poesia e pensava na morte.

Dizem que quando o aluno está pronto o professor aparece. O meu apareceu na forma do dr. Rammurti S. Mishra e a comunidade do Ashram Ananda. Dr. Mishra era da Índia. Vinha de uma família de meditadores e sanscritologistas e, na época, ele fazia parte da equipe de funcionários de Bellevue, o principal hospital psiquiátrico público de Manhattan. Na comu-

---

1. Os Freedom Riders (Cavaleiros da Liberdade), eram ativistas dos direitos civis americanos nos anos 60. (N. da T.)

nidade médica, ele havia adquirido a reputação de ser capaz de obter progressos com pacientes difíceis, até mesmo com os que pareciam sem esperança, através do recurso (até então desconhecido) da meditação. Um de seus alunos havia adquirido uma antiga propriedade perto de Harriman, Nova York, e no verão de 1964 esta ficou pronta para abrir suas portas de *ashram*, um lugar onde as pessoas poderiam ir para estudar meditação, sânscrito e yoga. O livro do dr. Mishra, *Fundamentals of Yoga* (Princípios básicos do yoga), havia recebido alguma atenção e suas palestras eram populares na cidade. Ele trabalhava a semana inteira em Bellevue e viajava para Harriman nos fins de semana; enquanto isso, um pequeno núcleo de alunos aplicados e algumas pessoas ambíguas, sem meios visíveis de sustento, permaneciam na propriedade para desenvolvê-la.

Meus pais ficaram interessados. Eles eram *quakers* e tinham familiaridade com a meditação. Krishnamurti e Mahatma Gandhi eram dois dos heróis de meu pai. Meus pais participaram de alguns programas de meditação em Ananda, mas sentiram-se frustrados com a extensão dos programas e com o sotaque incompreensível do dr. Mishra. "Eu não consegui entender uma só palavra que ele disse!", queixou-se a minha mãe posteriormente. Entretanto, eles conheceram um jovem agradável que vivia ali e que queria ganhar algum dinheiro dando aulas de violão. O tipo da coisa para a filha mal-humorada deles! Eu de fato aprendi alguns acordes com Max, e não demorou muito para que minha aliviada mãe me deixasse no ashram de manhã até a hora do jantar, quando ia me buscar. O fato de eu ficar ali zanzando o dia todo era justificado pela meia verdade de que eu ajudava a cuidar das crianças pequenas de alguns residentes.

Não me lembro mais de nada específico em relação ao encontro com o dr. Mishra. Lembro-me de ele me contar que *ashram* significava um "refúgio" e *ananda* significava "alegria" – refúgio alegre – e que o ashram era isso para mim. Era como se a meditação fosse o meu elemento natural e eu fazia as aulas esporádicas de yoga com alegria. Eu era uma menina flexível, e o método de Doctorji de ensinar asanas para crianças era mostrar uma postura e dizer, de maneira convidativa: "Você consegue fazer isso?". Confiava nele completamente. Se ele sugerisse que eu era capaz de fazer, eu sentia que isso era verdade; assim, nunca tinha medo de tentar.

Quando ensinava, ele contava histórias sobre as posturas e os yogues antigos que as haviam descoberto. Ele afirmava que nós já sabíamos tudo o que precisávamos; todas as posturas já estavam presentes dentro de nós, juntamente com o sânscrito e a sabedoria védica. "Sinta-a!", ele dizia inúmeras vezes. "É a sua verdadeira natureza."

"Mas e se eu não sentir?"

"Isso é *maya*!", ele dizia prontamente. Maya era o princípio da ilusão que nos fazia acreditar erroneamente que éramos algo diferente do eterno, do imperecível: o mesmo que Deus. "Onipotente, onipresente, onisciente", ele entoava, meus primeiros adjetivos para a Divindade. "Tu és isso!"

Alguns dos meditadores mais velhos e mais sérios viam-me como uma intrusa e hoje consigo ver que isso devia ser verdade. Minha mãe me deixava lá de carro quando lhe convinha e o horário do ashram era flexível, na melhor das hipóteses. Os programas duravam horas, um misto de cantos em sânscrito, aula expositiva e meditação; geralmente, eu irrompia alegremente no meio de algo e corria para abraçar Doctorji, que eu considerava meu amigo especial. Ele sempre me abraçava também e depois dizia "Agora vá sentar", o que eu fazia, radiante, passando cuidadosamente entre os meditadores sentados enquanto eles me encaravam, ou sorriam, dependendo do que sentissem em relação a crianças.

Catorze anos é uma idade muito vulnerável. Mais do que tudo em minha vida naquele momento, eu precisava de um adulto que me dissesse que na minha natureza mais íntima e verdadeira eu era valiosa, eterna, já possuía toda a sabedoria das épocas. Precisava de uma ferramenta para me ajudar a lidar com o sofrimento de minha mãe, as ausências de meu pai, minha sensação de ser de um outro planeta – e a meditação me deu isso. Conforme eu entendia, sentar em meditação e mover-me em meditação, o asana, eram apenas diferentes aspectos do mesmo processo. "Como a matéria", dizia Doctorji, "às vezes um ponto, às vezes uma onda." Ele também nos ensinava a cantar, a sensação das sílabas sânscritas rolando na boca e garganta como se fossem uvas: *om nama shivaya*, ou apenas *Om*. "É tudo de que vão precisar", ele instruía. "*Om* contém as vibrações de toda a consciência. *Om* protegerá a sua mente. *Om* é o próprio Deus."

Não muito tempo depois, precisei de todas essas ferramentas e mais. Sofri abuso sexual de um adulto em quem confiava, alguém ligado ao ashram; não foi Doctorji. Com medo de perder meu alegre refúgio e causar problemas a Doctorji se eu contasse, eu não disse nada a ninguém; mas fiquei traumatizada de um modo profundo e horrível. O homem foi mandado embora logo em seguida, após uma violenta discórdia com um outro residente. A propósito de quê? Eu nunca soube. Mas aquele foi o início de um longo período de depressão, confusão e comportamento autodestrutivo para mim. Doctorji via que algo estava muito errado e percebia a tensão que existia entre mim e minha mãe. Não soube o que ele lhe disse, mas ela parou de me levar ao ashram e começou a fazer comentários sarcásticos em relação a ele. A escola começou.

Finalmente (nessa época eu estava com 15 anos) minha mãe decidiu que a solução para meu mau humor era me internar, e encontrou um psiquiatra disposto a me confinar. Naquele tempo, havia muito pouca compreensão sobre o estresse pós-traumático, ou consciência dos sintomas de abuso sexual; recebi o diagnóstico de distúrbio esquizoafetivo. Era o diagnóstico da moda para adolescentes na época, assim como era moda enviar a "criança problema" para um hospital psiquiátrico. Os médicos do belo hospital particular em Westchester disseram que eu estava tão doente que talvez nunca voltasse a ser normal. Sem dúvida eu teria que usar medicamentos fortes por anos a fio, provavelmente a vida inteira, e seriam necessárias visitas frequentes ao consultório para me monitorar. Anos depois, eu contei essa história a um profissional de saúde mental. A sua resposta foi: "Seus pais tinham um bom convênio de saúde?". Eles tinham um ótimo convênio de saúde.

Desesperada, eu liguei para Doctorji. Ele era psiquiatra; ele não poderia intervir? Para seu eterno crédito, ele tentou. Ele se encontrou com minha mãe em particular ("Vá meditar", ele disse de maneira tranquilizadora enquanto fechava a porta), depois comigo, para se despedir.

Nós nos sentamos juntos em sua saleta e ele me disse para olhar para a sua testa. "Não pense, não pisque." Ele cantou e fez uma prática de meditação orientada comigo. Hoje me parece que ele estava plantando em meu coração algum tipo de carga de profundidade espiritual, com cronômetros regulados para os intervalos, pelo resto da minha vida. Eu ainda estava aterrorizada, mas junto com o medo havia uma profunda sensação de paz e confiança. No lugar atemporal que realmente importava, eu estava bem, e ficaria bem.

Minha mãe me levou embora e me deixou num hospital psiquiátrico onde eu levei mais de cem tratamentos de choque, tanto eletroconvulsivo como de insulina. Mais tarde, soube que Doctorji havia oferecido uma alternativa de meditações diárias com ele, mas minha mãe recusou.

Não vi mais Doctorji por 25 anos. Quando voltei a vê-lo, ele havia tido um derrame devastador, mas lembrou-se de mim na mesma hora. Encantado, ele voltou-se para seus alunos reunidos. "Ela estava comigo no início! Ela meditava quando tinha..." ele sustentou a mão no ar na altura da cabeça de uma criança pequena. Posteriormente, sem preâmbulos, ele disse: "Eu não pude fazer nada. Você era menor de idade. Se fosse maior, eu poderia ter feito alguma coisa. Mas a sua mãe...". Ele balançou a cabeça.

Num momento posterior eu soube que muitas coisas extravagantes haviam acontecido na década de 1960 em Ananda, e o dr. Mishra havia sido objeto de diversas acusações. Não acompanhei nada disso. Para mim, ele era um amigo adulto amoroso e que me ajudava a crescer, quando eu era uma criança que precisava desesperadamente disso, e a única pessoa no meu mundo que se posicionou contra o envio peremptório de alguém de 15 anos para uma terapia de eletrochoque. Também me deu, com antecipação, o antídoto que impediria que eu viesse a ser destruída pelo tratamento dos psiquiatras: o yoga. O que primeiro me tocou foi a sua garantia de que, em minha verdadeira natureza, eu era eterna, imperecível, além de corpo e mente, consciência infinita, alegria infinita e que eu chegaria a entender isso meditando tanto quanto possível. No hospital, em meio à confusão apavorante do tratamento de choque, eu repetia meu mantra sempre que conseguia, e me agarrava com desespero à garantia de que havia algo real, algo eterno, algo infinitamente significativo além do que eu sentia naquele momento – e que isso era maya. Eu ouvia a voz de Doctorji em minha cabeça, a cadência lenta e sonora que ele usava para guiar as meditações: "Relaxe profundamente o seu corpo... sinta o fluxo da eletricidade de seu corpo até as estrelas...". Eu lia minha brochura do *Bhahavad Gita,* que o hospital permitiu que eu mantivesse comigo, e eu fingia que era um yogue que preservava a equanimidade em todas as circunstâncias. Finalmente, fui liberada.

Não contei muitas vezes esta história porque é muito pessoal e muito dolorosa. Mas ela explica a minha devoção de uma vida inteira à tradição do yoga: ele salvou minha vida. Sem a base que recebi no Ashram Ananda, eu de fato não sei se teria sobrevivido quatro meses num manicômio naquela idade. Adulta, eu mesma desenvolvi um trabalho terapêutico na área de saúde mental e as poucas pessoas que conheci que receberam tantos tratamentos de choque quanto eu na década de 1960 estão agora sob tratamento permanente. Eu tive muita, muita sorte. Felizmente, a maioria de nós não tem que submeter nossa prática àquele teste particular, mas todos nós temos nossas crises e desafios na vida. A prática de yoga pode ser uma aliada verdadeira.

Quanto ao homem que estava num estado de raiva no início da história, não sei o que aconteceu com ele, mas espero que ele encontre um professor que lhe conte a história de Virabhadra e o ensine a meditar sobre ele.

Este livro foi escrito com gratidão a todos os meus professores, mas muito especialmente a Rammurti S. Mishra e Judith Hanson Lasater.

Namaste.

*Ganesha é o primeiro filho de Shiva e Parvati.
Aqui eles estão em casa no monte Kailash,
com Nandi, o touro, aos seus pés.*

Shiva, Parvati e Yoga

Diante de mim, enquanto escrevo, há uma gravura indiana moderna de um homem de cabelos compridos, vestindo uma pele de tigre, com cobras enroladas em torno de seu pescoço como uma guirlanda e a lua crescente, como um par de chifres, em seus cabelos; ele está sentado de pernas cruzadas, enquanto um touro observa, de maneira bondosa, por cima de seu ombro. O seu braço repousa de maneira informal numa muleta ou bastão em forma de T. Em toda a Índia, a sua imagem está presente em calendários, cartões-postais, caixas de fósforos, nos muros, em xales, nos ônibus, em cartazes de cinema, nos templos, em cavernas, em todo meio de comunicação imaginável. Esse é Shiva, o Senhor dos Yogues, em sua postura mais amada e popular. Quase tão populares são as imagens de Shiva com sua esposa Parvati, aconchegada perto dele, ou sentada a seu lado com o filho deles, Ganesha, no colo, como se os três tivessem feito um retrato para cartões de Natal. Só que eles estão na frente de uma caverna, ou sentados no dorso de um animal selvagem, ou sob uma árvore. E o bebê tem a cabeça de um elefante. Por mais que eles pareçam naturais, não se parecem com a nossa família. Ou será que se parecem?

Parvati convenceu Shiva a inventar o yoga por compaixão. A vida é dura. A felicidade geralmente é esquiva. Nós adoecemos, ficamos velhos e morremos. Nós nos tornamos vítimas da ilusão de que isto é tudo o que existe. Ao compreender como é difícil manter a perspectiva, Parvati pediu a Shiva que inventasse um sistema que ajudasse as pessoas a lidar com o inevitável sofrimento inerente à vida de um ser humano, e ele fez isso. Portanto, ele é honrado como o primeiro professor de yoga, e ela como a primeira aluna. Na condição de professor universal Dakshinamurti, ele se senta no monte Kailash, no ponto mais setentrional da Índia, de frente para o sul (*dakshina*, em sânscrito) olhando para baixo para o mundo inteiro, uma das mãos erguidas no gesto que significa: "Não tenha medo".

Shiva é conhecido como o destruidor, na trindade indiana de Brahma (criador), Vishnu (preservador) e Shiva; mas o que ele destrói é a negatividade, a ilusão, as coisas que devem desaparecer para dar espaço às novas criações e a um nível mais elevado de consciência. A noção de Shiva destruindo e recriando o mundo em ciclos eternamente repetitivos reaparece na cosmologia do século XX com a teoria da relatividade de Einstein, e com a descoberta de que nossos corpos estão destruindo e renovando as próprias células de um modo contínuo; nós somos completamente transformados a cada sete anos.

Nos Estados Unidos, não obstante toda a agitação corrente do mercado e os híbridos horrendos de "Yogilates" e "Yogaeróbica", muitas pessoas ainda consideram o yoga como um pouco esotérico, como coisa praticada por homens de cabelos longos e olhos selvagens, vestidos de minúsculas tangas e que conseguem enrolar as pernas no pescoço. Ou isto, ou um tipo de aeróbica para os fracos.

Na Índia, onde o yoga floresceu de uma forma ou outra durante séculos, ele foi uma tendência mais ou menos predominante, dependendo da época. A imagem da figura de pernas cruzadas e cabelos longos que conhecemos como Shiva (o nome significa "auspicioso") tem pelo menos 5 mil anos de idade; sinetes de uma cidade antiga onde é agora Punjab mostram um homem com chifres, ou possivelmente uma lua crescente, em sua cabeça, sentado de pernas cruzadas e cercado de animais. O *Rig Veda* (1500-900 a.C.), fala de Rudra (Aquele que urra), um arqueiro selvagem cujas flechas trouxeram doenças, mas que também conhecia as propriedades de ervas curativas. Em torno de 900 a.C., Rudra se desenvolveu em Shiva, um asceta que vive por opção em lugares perigosos e inóspitos, tais como montanhas altas e frias, encruzilhadas ou cemitérios. Ele se senta sobre uma pele de tigre nas montanhas do Himalaia, meditando; e através de sua meditação, o mundo é mantido. A sua garganta é azul, com uma cicatriz do veneno mortal que ele tomou uma vez para salvar o mundo. O cabelo dele é longo, opaco e nele moram a lua e o rio Ganges. O seu corpo é coberto de cinzas. Mas embora ele esteja eternamente em meditação, o Senhor dos Ascetas é um homem de família, com uma linda esposa, filhos, animais para cuidar (para não mencionar do universo inteiro) e uma infinita gama de responsabilidades.

Considera-se que Shiva inventou 84 asanas básicos para ajudar as pessoas a purificar o corpo e prepará-lo para a meditação. Esse tipo de yoga é chamado de *hatha yoga*, que significa um yoga que envolve energia e determinação. Ouvi o instrutor de yoga Ramanand Patel explicar o hatha yoga desta maneira: "Pense em uma criança de 4 anos de idade que está determinada a não deixar você levantá-la. Você a ergue, e ela enrijece o corpo; grita, esperneia, *não* para de lutar com você, embora você seja muito maior e mais forte, sem que haja meio de ela vencer, mas ela não desiste". Isso, disse Ramanand, é a qualidade de hatha. Essa qualidade, aplicada à disciplina física, nos prepara para a disciplina mental e espiritual da meditação, o *raja* (régio) yoga.

Quem pratica yoga sabe que esta prática envolve todo o ser. Não é possível separar, de maneira cirúrgica, a mente do corpo; o que se faz com o corpo afeta a mente, as emoções, os neurônios e a química do corpo. Mas ninguém diz: "Ah, consegui reduzir a acidez de meus gases sanguíneos!", após uma prática satisfatória; em vez disso a pessoa dirá: "Puxa, eu me sinto ótimo!" Só nos é possível tomar consciência de nossa experiência, e a maioria de nós começa com uma consciência pouco apurada. Mas o que se faz no tapete de borracha para yoga leva-se para a vida e vice-versa. Essa prática é como um espelho da vida. Se alguém estiver fazendo esforço excessivo e abusando, talvez faça o mesmo em outras áreas da vida. Será que é possível conceber, através da prática, um meio de ser um pouco mais compassivo com as próprias deficiências, com os tendões rígidos, ou com o modo irritante da esposa, por exemplo, que espera que o marido saiba onde está qualquer coisinha? A pessoa acha difícil encontrar *tempo* para praticar? Ah! Será que não está descuidando da saúde ou do bem-estar espiritual de alguma outra maneira?

O yoga tem a ver, em última análise, com relacionamentos: o relacionamento de espírito e matéria, corpo e alma, intenção e ação, professor e aluno. Somos tanto professor como aluno, em relação a nós mesmos e aos outros também.

Avaliemos cada detalhe da vida e de nossa personalidade e nos perguntemos: se isso mudasse, ou desaparecesse, eu ainda seria eu? Sabemos que sim. Nós não podemos de fato nomear isso, mas sabemos que sim. Existe uma essência que se compartilha com cada pessoa do planeta. Quando dizemos *namaste* no final da aula, nós invocamos essa unidade. A busca desta essência é a razão de estudarmos o yoga. E essa essência, esse fundamento do ser, isso é Shiva.

Shiva personifica o Um, o ser humano cósmico com infinitas formas, mas uma só essência. Nas histórias, nós o vemos como amante, marido desolado, guerreiro, homem de família, professor, intercessor pela comunidade, o contemplativo imóvel nas montanhas e o dançarino que se move eternamente nas chamas. Ele é livre para se envolver com todas as coisas, sem ficar limitado por nada. Essa liberdade é o fruto do yoga.

Quando eu era jovem, meu professor Sri Rammurti contava histórias sobre Shiva e outros heróis das epopeias indianas. Ele explicava que todos os personagens nas histórias eram aspectos de nossa mente, tornando as histórias instrutivas, além de interessantes. Podemos aprender algo sobre nós mesmos, ou certos modos de comportamento, a partir dessas histórias. Se a história for sobre um demônio raptando uma princesa, há um nível no qual podemos apreciar o demônio como demônio e a princesa como princesa, mas eles também são princípios psicológicos. O demônio pode representar o ego, ou o egoísmo, e a princesa, a mente ou a alma. Mesmo se não tivermos uma compreensão analítica do "significado" da história, ainda assim podemos responder de forma poderosa a sua mensagem. O psiquiatra suíço Carl Jung sugeriu que cada um de nós, de modo consciente ou inconsciente, tem um mito que orienta a nossa vida. Uma pessoa sempre parece estar incumbida de salvar donzelas em apuros? Outra, é como o filho ou filha mais jovem que não tem herança e tem que viver de expedientes?

Para este livro, escolhi histórias sobre Shiva que ilustram, ou estão associadas, aos diversos asanas bem conhecidos, na esperança de que a prática de yoga do leitor seja enriquecida e animada pela presença da história na sua consciência, quando estiver praticando. Creio que as próprias posturas corporificam um pouco da energia das histórias, e espero que o conhecimento da história ajude a encontrar a postura que emerge unicamente de cada corpo e da experiência de cada um: a história de cada um. Acima de tudo, espero que essas histórias possam ser apreciadas tanto quanto eu as apreciei.

Shiva chega em seu casamento vestindo uma pele de tigre e com um séquito de gnomos. Enquanto Sati o saúda, a mãe dela desmaia.

Shiva, o Destruidor

Postura do Guerreiro

Parvati não foi a primeira esposa de Shiva. A primeira esposa de Shiva foi Sati, a filha do rei Daksha. O trabalho de Daksha, desde o início do mundo, era inspecionar e regular os rituais e garantir que eles fossem realizados de maneira adequada. Segundo as crenças antigas, um ritual conduzido de maneira imprópria pode afetar o reino de forma adversa, ao passo que quando é feito segundo o procedimento correto, todos se beneficiam. Se alguém deseja invocar os poderes divinos, deve saber como fazer isso.

Os pais de Sati não conheceram Shiva até o dia do casamento; eles tiveram que aceitar a palavra da filha de que ele era o amor de sua vida e o Senhor do Universo (Jagadisha). Num casamento indiano, o noivo vai montado a cavalo até a casa da noiva, acompanhado de todos os seus amigos. Shiva chegou com seu aspecto de senhor dos cemitérios, com longos cabelos sem brilho, o corpo coberto de cinzas, enfeitado com cobras e acompanhado de uma procissão de fantasmas e demônios, todos cheirando a *bhang* (um derivado da maconha). Sati o conhecia o suficiente para não ser enganada pelas aparências, mas seus pobres pais ficaram horrorizados e quiseram cancelar o casamento. Finalmente, para agradar Sati, Shiva apresentou-se em seu aspecto magnífico, dono de uma beleza radiante, enfeitado de ouro, vestido de seda e acompanhado de cortesãos esplêndidos e respeitosos. Assim está melhor, pensou Daksha, e permitiu que o casamento se realizasse; mas não deixou de ficar ressentido.

Pouco tempo depois, Daksha enviou convites a todas as pessoas que conhecia, e a algumas que não conhecia, para assistirem um esplêndido *yagya* em sua corte. Um yagya é uma cerimônia religiosa, um sacrifício que envolve o fogo; ela pode prosseguir por diversos dias e o yagya de um rei é uma ocasião de fato muito especial. Não chegou nenhum convite para Sati e Shiva.

"É óbvio", disse Sati com o coração apertado, "que ele simplesmente esqueceu. É claro que ele pretende que estejamos presentes."

Shiva não tinha tanta certeza; ou melhor, ele tinha certeza, mas tentou não deixar a esposa aflita. "Seu pai não gosta de mim", disse ele, "e ele sabe onde moramos. Se ele nos quisesse lá, ele o teria dito. Vá, se você quiser, mas eu não irei para não piorar as coisas comparecendo à festa dele sem ter sido convidado."

"Eu vou", disse Sati, e partiu com suas mulheres para a casa de seu pai.

Ficou claro que ela não era bem-vinda. Daksha e seus amigos disseram coisas insultantes a respeito de seu marido, de seu casamento, do seu gosto em relação a homens, e os comentários pioraram no decorrer da noite. O yagya foi um arremedo de si mesmo, com o Senhor do Universo excluído e insultado. Daksha não oferecia nada de real valor; ele apenas ostentava a própria riqueza e poder. Aquele para o qual todo sacrifício é dirigido, em última análise, não estava presente. O Veda nos diz que em um verdadeiro sacrifício Deus é tanto a oferenda como aquele que oferece, o recebedor, as chamas, o combustível, o ritual. Aquilo não era um sacrifício! Sati não suportou. As chamas se agitaram. Com um rápido movimento, ela se lançou no fogo e queimou até virar cinzas, ela própria tornando-se o sacrifício.

Quando Shiva soube o que havia acontecido, ele foi dominado pela dor e pela fúria. Seus olhos saltaram, seu sangue ferveu, seu cabelo ficou em pé. Em um acesso de fúria, ele arrancou um fio de seus cabelos e lançou-o com força ao chão. No momento seguinte, no lugar do cabelo surgiu um guerreiro, a personificação das emoções de Shiva, de rosto vermelho e grunhindo de desejo de vingança. Era Virabhadra, a personificação da raiva e do nobre impulso de defender o inocente.

O guerreiro Virabhadra saudou Shiva e depois voou para o palácio do rei Daksha, onde atravessou o sacrifício como um furacão, destruindo tudo e todos em seu caminho. Ele arrancou a cabeça de Daksha. A história de sua depredação continua, mas aqui não é o lugar para descrevê-la. Quanto a Sati, ela renasceu como Parvati, desta vez com um pai que apoiava Shiva e o amor da filha por ele. Quanto a Daksha, Shiva o perdoou e restituiu-lhe a vida, mas ele teve que viver com a cabeça de um bode.

Nas três posturas que levam o nome de Virabhadra, vemos uma progressão, do guerreiro oferecendo os seus esforços para o seu poder superior, até aquele que passa para a ação, de modo dinâmico, mas controlado.

Posturas do Guerreiro (*virabhadrasana*)

Incorporando a postura

Guerreiro 2

Em pé, com as bordas internas dos pés apenas se tocando. Inspire, abra as pernas numa distância equivalente ao comprimento de uma perna e abra bem os braços. Expirando, gire o calcanhar direito para dentro e a perna esquerda para fora. Gire os músculos de ambas as coxas a partir do centro do corpo para fora. Mantenha os braços abertos, na altura dos ombros, a palma das mãos para baixo. Expirando, dobre o joelho esquerdo, abaixe o topo do fêmur, erga o osso ilíaco esquerdo. Expirando, gire a cabeça para olhar sobre o braço à sua frente.

Guerreiro 1

Inspire, gire os braços a partir das omoplatas e erga-os acima da cabeça; junte as palmas. Inspirando, abra bem as pernas. Expirando, gire o calcanhar direito para dentro e gire a pélvis de modo a ficar de frente para a perna esquerda. Expire, flexione o joelho esquerdo alinhando-o com o segundo e terceiro dedos dos pés. Erga a espinha dorsal e o peito ainda mais. Puxe as omoplatas para diante de modo a abrir o peito e clavículas. Erga a base do crânio.

Distribua o seu peso igualmente entre o pé da frente e o de trás. Alargue as omoplatas. Erga a região do coração. Sinta a força e estabilidade de seus braços e pernas.

Guerreiro 3

A partir do guerreiro 1, expire e abaixe os braços à frente até que fiquem paralelos ao chão. Abra as mãos; estenda os braços a partir das omoplatas através das extremidades dos dedos mindinhos. Expire, endireite o joelho da frente e, ao mesmo tempo, erga a perna de trás, mantendo os quadris nivelados até que a coxa esteja paralela ao chão. Sinta como o movimento para trás da perna equilibra o estiramento para a frente dos braços.

Sustentando a postura

Em cada uma dessas posturas, perceba a interação dinâmica entre seu corpo e sua respiração. Elas são tradicionalmente conhecidas como 1, 2 e 3 não por causa da sequência, mas porque os números correspondem aos membros estendidos. De que maneira a junção ou liberação das mãos afeta a sua respiração? Sua sensação de força? Onde você se sente mais sólido, mais estável? Que pensamentos ou sentimentos surgem enquanto você sustenta cada postura?

Soltando a postura

Expirando, abaixe seus braços e retorne à posição normal.

Pontos importantes para a prática

Quais são os sintomas físicos da raiva em você? Ou da dor?

Sente-se em qualquer posição confortável neutra. Perceba a colocação e qualidade de sua respiração, a qualidade de seus olhos e mãos.

Endureça e empurre para a frente seu maxilar inferior. Dilate as narinas. A sua cabeça se move para a frente quando você faz isso? Você enrijeceu a base de seu crânio? As mãos ou dedos ficam tensos? Deixe os olhos se fixarem e endurecerem. Perceba a sua respiração. Perceba como se sente emocionalmente. As sensações de raiva começam a surgir?

Agora deixe cair a cabeça, arredonde os ombros, encolha o peito. Apoie a testa em suas mãos em cálice. Abra a parte posterior da garganta, expire a partir da barriga, como se estivesse soluçando em silêncio. Que emoções começam a surgir?

Volte a uma posição neutra sentada com a espinha ereta, apoiada se preferir, contanto que a cabeça fique livre para se mover. Apoie os antebraços e mãos em seu colo, palmas para cima; se houver a mais leve impressão de ter encolhido os ombros ou enrijecido as mãos, apoie as mãos e antebraços em um cobertor dobrado ou almofada até que não sinta o peso dos braços. Equilibre o topo da cabeça sobre o cóccix e erga o esterno naturalmente. Agora erga a base do crânio de modo que o queixo se incline para baixo levemente, e os olhos naturalmente virem para baixo. Observe a sua respiração; observe a sua mente. Observe as emoções que surgem.

Em pé, equilibre o peso em ambos os pés, cujas partes internas apenas se tocam. Perceba a sua respiração, a distribuição do peso, a posição da caixa torácica, o modo como sente seus olhos na cabeça. Como você se sente, em termos emocionais, enquanto fica numa posição neutra? Inspire, separe bem os pés e leve os braços à altura dos ombros, palmas voltadas para baixo. A sua respiração muda? Expire, vire para fora a perna da frente, dobre o joelho e vá para o guerreiro 2. Observe sua respiração, seus olhos, seu peso, suas costelas. Existe uma tendência de colocar mais peso e mais energia no lado do corpo que está de joelho dobrado? Ele parece mais importante que o lado que está com a perna reta? Como é essa postura em termos físicos? Como é em termos emocionais? É difícil? Você enrijece seus olhos e a respiração nesta ou noutras posturas "difíceis"? Você consegue deslocar a atenção para a perna de trás, as costelas de trás, sem sacrificar sua sensação de alerta? Você não vê a hora de sair dessa posição e mudar para uma outra mais confortável, mais desafiadora, mais interessante, mais importante? Comprometa-se a passar mais cinco respirações nessa postura. O que a sua mente faz?

Em pé, nos dois pés igualmente, inspire e eleve ambos os braços acima da cabeça e junte as mãos. Perceba como as costelas da frente tendem se inflar enquanto as costelas de trás e a área por trás do coração se fecham. Perceba a sua respiração. Essa postura parece agressiva?

Puxe a caixa torácica em direção à parte posterior do corpo, aumentando a área entre as omoplatas. Perceba como a respiração muda. Isso muda a qualidade emocional da postura?

Você consegue sentir tristeza quando a parte de trás do coração está fechada e as costelas da frente estão infladas? Você usa a raiva ou a agressão para se proteger de sentimentos excessivos de tristeza?

Aumente a distância entre os pés, gire os quadris e vá para o guerreiro 1. Observe as costelas, a respiração, a colocação de seu peso. Será que tudo na postura se move para diante? Você deixa de ter consciência da parte posterior do corpo? A respiração muda, tornando-se, talvez, mais curta e mais alta, como se você estivesse pronto para lutar ou fugir?

Desloque o peso para o calcanhar, abra as costelas posteriores, convide a respiração para o espaço por trás de seu coração. Mova a cabeça para trás de seus braços erguidos; a partir da base do crânio, olhe para cima. Perceba como a mudança de ângulo e a colocação da cabeça afetam a sensação da postura. Você se sente mais agressivo ou mais devoto se mover a cabeça para a frente ou para trás? Pratique erguer a cabeça a partir do queixo, da base do crânio e do meio das omoplatas. Em que se diferenciam essas três possibilidades?

Do guerreiro 1, passe lentamente para o guerreiro 3. Onde está o seu centro de equilíbrio? A parte posterior de seu corpo e sua perna erguida tendem a cair na inconsciência enquanto você ergue e vai para a frente? O que acontece com as costelas? O que acontece com a respiração e o espaço entre as omoplatas? Qual é a qualidade nos olhos? Eles tendem a se fixar e endurecer? Você consegue mantê-los suaves sem perder o foco?

Será que é fácil manter o coração aberto e calmo quando você passa para a ação, especialmente uma ação defensiva?

Fazendo um diário

Reflita sobre uma ocasião em que você defende uma causa justa ou uma pessoa inocente e registre num diário. Convide as qualidades emocionais dessa experiência em sua prática das posturas do guerreiro. Mantenha a experiência na mente enquanto pratica com suavidade nos olhos e abertura no coração.

Onde, para você, está a linha entre a preguiça e a inação inteligente? Onde está a linha entre a ação inteligente e a raiva irrefletida?

Ardhanarishvara combina os opostos.
Shiva com Nandi à esquerda e
a Deusa com o seu leão à direita.

Parvati

Postura da Montanha

A esposa de Shiva, Sati, estava morta, queimada no *yagya* de Daksha. Louco de dor, Shiva perambulou pela Índia toda carregando o cadáver de sua esposa, até que os deuses intervieram. Vishnu enviou o seu disco afiado para cortar o corpo de Sati, fazendo com que suas partes caíssem e forçando Shiva a renunciar a ele. Então Shiva foi para a sua caverna nas montanhas para meditar.

Depois de um longo tempo, a deusa que havia sido Sati renasceu como Parvati, a filha dos montes Himavat (também conhecida como Himalaia) e da ninfa celestial Menaka. Seu nome significa "montanha" e os lugares onde dois picos estão lado a lado são considerados como os seus seios.

Determinada a ganhar o amor de Shiva, a Filha da Montanha adotou um ascetismo para rivalizar com o dele próprio. Ela se vestia com cascas de árvore como um yogue, jejuava extensivamente, ficava imóvel durante horas nos asanas para afiar a sua concentração e dominar seu corpo e mente. A sua disciplina (*tapas*) era tão extraordinária que esta energia internamente comunicou afinidade com Shiva, enquanto ele se sentava em meditação profunda, e despertou-o do *samadhi*. Sob a forma de um mendicante itinerante acompanhado de um cão, ele se intrometeu no *tapas* de Parvati e insultou-a, difamando a sua resolução, suas habilidades e qualificações enquanto renunciante e, em última análise, o seu ideal, Shiva. Parvati preservou a sua equanimidade enquanto estava sendo insultada; mas quando se tratou de Shiva, tornou-se sua defensora apaixonada – tão apaixonada que a reserva de Shiva finalmente se dissolveu. Enquanto ela falava, ele tirou o seu disfarce e se revelou. Quando ela o reconheceu, ficou em silêncio, e o deus e a deusa foram reunidos.

A sua perfeita unidade, a maneira como formam metades complementares de um todo, é expressa visualmente na forma de Ardhanarishvara. Segundo a história, o devoto de Shiva, Bhrigu, ficou ressentido com a intimidade de seu senhor com Parvati e quis separá-los. Ele desejava venerar apenas Shiva, circum-ambulando o seu corpo, mas Shiva abraçou Parvati tão forte que nem mesmo um minúsculo inseto podia se interpor entre eles. Para libertar Bhrigu de seu ciúme, Shiva se revelou como Ardhanarishvara: o Senhor que é Metade Homem, Metade Mulher, tanto Shiva como Parvati, inseparáveis, a corporificação da não dualidade.

As imagens desta forma de Shiva mostram uma das metades de seu corpo com o quadril arredondado, os seios desenvolvidos e ornamentos de mulher, ao passo que a outra metade tem um peito liso e musculoso, a coxa poderosa de um guerreiro e um brinco de guerreiro. Não obstante, o efeito geral é harmônico, até mesmo simétrico.

Postura da Montanha (*tadasana*)

Incorporando a postura

Também conhecida como *samapada* ou *samasthiti* (ambas indicando uma posição equilibrada ou igual), *tadasana* evoca estabilidade e firmeza. O elemento *stha* em sânscrito, que sobrevive em palavras inglesas tais como *standing, still, stable, stoic* e *steady,*[2] traz o sentido de firmeza, imobilidade, equilíbrio, igualdade. Os dois lados do corpo, embora não tenham uma perfeita simetria, são mantidos em equilíbrio, cada lado apoiando o outro com suas forças e sendo igualmente apoiado. A interação constante de ação e repouso

---

2. Respectivamente: em pé, calmo ou imóvel, estável, estoico e firme. (N. T.)

entre os dois lados confere à postura a sua qualidade dinâmica. Conforme ensinado atualmente na maioria das escolas de yoga, *tadasana* requer que se permaneça na posição vertical com os pés unidos ou paralelos, os dois lados do corpo equilibrados ao longo da linha média da coluna; o topo da cabeça equilibrado sobre o cóccix e os braços dos lados.

Fique em pé, com os pés paralelos, ou encostados um no outro, ou a uma distância da largura dos quadris. Largura dos quadris significa os ossos ilíacos: alinhe os ossos ilíacos sobre os joelhos e os joelhos sobre os tornozelos, criando uma base firme. Aumente a distância entre os dedos dos pés, erga o arco interno dos pés. Observe onde cai o seu peso: na frente ou na parte de trás dos pés? Nas bordas externas ou internas dos pés? Ajuste todos os detalhes, até que ambos os pés estejam igualmente abertos e o seu peso seja distribuído sobre a sola de cada pé.

Subindo pelo corpo a partir da base, observe os quadris. Eles estão no mesmo nível? A distância é a mesma entre seu quadril esquerdo e sua costela esquerda inferior e seu quadril direito e costela direita inferior? Um dos lados da caixa torácica está girado mais para a frente do que o outro lado? Os seus ombros estão no mesmo nível? Faça ajustes. Coloque o seu braço direito ao longo da linha média de seu lado direito, com os dedos apontando para baixo. Posicione o seu braço esquerdo ao longo da linha média de seu lado esquerdo, com os dedos apontando para baixo. Observe a forma de seus ombros entre o pescoço e o topo da parte superior do braço. Se eles caem como as laterais de um cabide, e se isso cria uma sensação de resistência ao movimento na parte superior interna dos braços, erga suavemente as extremidades externas dos ombros. Observe o efeito que essa ação exerce em seu pescoço e cabeça. Leve a atenção ao topo da cabeça e alinhe o centro do topo de seu crânio com o cóccix.

Sustentando a postura

Em pé, com seu peso distribuído igualmente entre os dois lados de seu corpo, pés paralelos, leve a atenção a sua narina direita. Inspire, mantenha sua atenção nas sensações no pulmão direito e em todo o lado direito do corpo. Quando este lado estiver completo, leve a atenção à linha mediana de seu corpo, cruze-a e expire através da narina esquerda. Então inspire pela narina esquerda e repita o processo por 15 minutos, ou até você se sentir cansado, observando as qualidades de seu lado direito e de seu lado esquerdo. Você tem a impressão de que um lado é mais claro, outro mais escuro; um é mais forte, outro mais flexível; um ativo, outro mais passivo; um masculino, outro feminino? Você consegue encontrar a área intermediária onde os dois lados se unem e sustentam um ao outro?

Soltando a postura

Expirando, dê um passo à frente. Qual dos pés você naturalmente move primeiro? Relaxe.

Pontos importantes para a prática

O nosso corpo não é simétrico. Podemos adquirir equilíbrio, mas nunca simetria. Um dos pulmões é maior. Algumas pessoas têm uma visão diferente em cada olho, possivelmente um dos olhos, ou orelhas, numa posição levemente mais alta. Todos nós temos mãos e pés dominantes, não necessariamente no mesmo lado do corpo. Ferimentos à parte, é raro que nossos músculos se desenvolvam de maneira idêntica em ambos os lados. Nossa história de vida está escrita em nosso corpo.

Se você já fez alguma cirurgia, de que lado foi? E serviços dentários? Machucados? Dores de cabeça? "Aconteceram" mais coisas num lado do que no outro? É o lado que você considera mais forte ou mais fraco? Faça um inventário por escrito das experiências e características de cada um dos lados de seu corpo. Na sua vida diária, nesta semana, perceba qual mão você geralmente usa, qual pé você usa para dar um passo, qual perna fica por cima quando você cruza as pernas ou tornozelos. Pratique inverter a posição e observe suas sensações.

Você considera que tem um lado "bom", ou descobre que prefere algumas qualidades de seu corpo mais que outras? Nós geralmente falamos que temos um joelho "ruim" quando queremos dizer que ele é mais fraco ou foi machucado. Observe as coisas sobre si mesmo e seu corpo que você gostaria de descartar, assim como Bhrigu queria remover Parvati de modo a poder venerar apenas Shiva. Pratique aceitar a totalidade de si mesmo, especialmente as partes mais difíceis de amar.

Shiva se senta em meditação sobre sua pele de tigre, com cobras, um tridente, um pote de água dos ascetas e o Ganges fluindo de seus cabelos.

Shiva em Meditação

Postura Simples

Sthira-sukham asanam, conforme o *Yoga Sutra*, "a estabilidade e o bem-estar são as qualidades que definem o asana". *Sukha*, a qualidade de estar relaxado, confortável, à vontade, geralmente é contrastado com *dukha*, a qualidade de sofrimento, de não estar à vontade.

O *Hatha Yoga Pradipika* do yogue Swami Svatmarama, abre com saudações a Shiva, o Senhor dos Yogues, que ensinou a sua esposa Parvati o hatha yoga como o primeiro passo até o apogeu do raja yoga. Ao classificar os oito ramos do raja yoga no *Yoga Sutra*, Patanjali lista as disciplinas do hatha yoga de *asana* e *pranayama* segundo os princípios éticos (os *yamas* e *niyamas*), mas antes dos quatro ramos meditativos.

Observemos a prioridade expressa em ambos os textos: a prática de asanas não é um fim em si mesmo. Em uma postura estável e confortável, nós criamos um ambiente físico que pode ajudar a desenvolver a meditação contínua. Sukha não é apenas uma questão de bem-estar físico e conforto, mas também de inteligência e de disposição de abrir mão de ideias preconcebidas e ficar com o processo. Dessa maneira, *sukhasana* é a postura sentada básica de meditação, que é, afinal, o caminho verdadeiro e o objetivo da prática do yoga.

Como Yogishvara, o Senhor dos Yogues, Shiva senta-se em meditação nas montanhas. Embora os seus dois olhos terrenos estejam cerrados, ele mantém uma eterna vigilância sobre os seres humanos com seu "terceiro olho", o centro sensível intuitivo entre suas sobrancelhas. Nessa posição, ele se torna tão calmo e estável que tem domínio sobre todos os seus sentidos, representados pela cobra enrolada em torno de seu pescoço como uma guirlanda e a pele de tigre que ele usa como um assento. Em suas mãos ele segura um tridente, que representa a natureza tripla do universo, e um pequeno tambor, que evoca o ritmo do tempo. A lua crescente flutua em seus cabelos como um emblema do tempo e da mudança, contra o segundo plano imutável dessa posição simples, confortável e eterna.

Postura Simples (*sukhasana*)

Incorporando a postura

Sente-se no chão com as pernas estendidas a sua frente. Flexione o joelho esquerdo. Segure o pé esquerdo com as mãos e puxe o calcanhar para perto do ísquio direito. Em seguida, flexione o joelho direito e traga a canela direita à frente da canela esquerda, em uma posição simples de pernas cruzadas. Enfie o pé direito sob o joelho ou coxa esquerda. Descanse as mãos no colo. *Atenção: as articulações dos quadris devem estar numa altura maior que os joelhos.* Use uma almofada ou um cobertor dobrado para elevar a pélvis em relação às articulações dos joelhos.

Preste atenção em seus joelhos! Se você sentir tensão ou dor em um dos joelhos, ajuste a altura de seu assento e tente colocar um cobertor dobrado ou um bloco de yoga perto da parte superior do fêmur. Coloque acessórios de apoio perto dos quadris e não diretamente sob os joelhos, e se você apoiar um dos joelhos, apoie o outro na mesma altura para preservar o senso de equilíbrio de seu corpo.

Você precisa sentar-se em um cobertor dobrado ou num rolo para criar espaço suficiente para suas coxas abaixarem?

Você precisa apoiar os joelhos colocando um cobertor dobrado ou um bloco ou alguma coisa sob a parte superior do fêmur?

Você entortou o tornozelo ou um dos pés? Os tornozelos e pés são mais flexíveis que os quadris, mas esta postura requer que você abra os quadris. Não permita que essas articulações inferiores flexíveis façam todo o trabalho.

Se tiver uma sensação de resistência ou tensão nos ombros ou braços, coloque um cobertor comprido dobrado em toda a extensão do colo para apoiar os antebraços e pulsos. Tente colocar um saquinho para os olhos[3] sob cada pulso. Com a colocação adequada das mãos e antebraços, os ombros estarão alertas, mas relaxados.

Essa postura é recomendada para a meditação e práticas de pranayama na posição sentada. Seja honesto consigo mesmo em relação a quanto apoio o seu corpo precisa para ficar firme e confortável durante 20 minutos ou mais.

Sustentando a postura

Quando você tiver estabelecido uma base firme e honesta, puxe o osso sacro em direção à parte da frente do corpo e erga a espinha dorsal. Desloque para cima a caixa torácica, como se sua cabeça, costelas e pélvis fossem contas no cordão espinal e você estivesse mantendo a conta inferior para baixo e puxando o cordão gentilmente a partir de cima. Sinta o topo da cabeça equilibrado sobre o cóccix.

Repouse o dorso das mãos sobre os joelhos, palmas para cima, polegares e indicadores unidos, mantendo os outros dedos estendidos, sem rigidez. Esse gesto, conhecido como *mudra*, representa a consciência individual ou ego (o indicador) unindo-se à sabedoria divina (o polegar). Os três dedos estendidos representam o mundo dos três *gunas* (qualidades universais inatas). Em outras palavras, o gesto das mãos ilustra o compromisso de viver a sua vida segundo o que você percebe como verdadeiro, em vez de deixar que seus desejos primitivos dirijam as coisas. Sem dúvida, é isso o que faz a meditação: ela proporciona uma oportunidade para que nossos impulsos sigam seu curso de maneira inofensiva, sem ter que se tornar manifestos, enquanto observamos a ação e continuamente voltamos nossa atenção ao ponto estável que escolhemos.

---

3. Saquinho de tecido com grãos que se coloca sobre os olhos para reduzir a luminosidade e aprofundar o relaxamento. (N. da T.)

Enquanto você se senta de pernas cruzadas com uma ampla base, imagine que está assumindo a forma de uma montanha, em que sua cabeça é o pico, seus lados e braços são as encostas e suas coxas e pés formam a sua base. Envie a atenção para o fundo da terra em busca das raízes dessa montanha.

O que você percebe em sua respiração quando se estabelece nessa postura? A sua mente oferece alguma resistência em relação a se tornar fisicamente quieta? Você nota movimento nos olhos? Abaixar ou focar o seu olhar afeta o movimento da respiração? Da mente?

Na Caverna do Mamute (Mammoth Cave), Kentucky, os nativos americanos perceberam que o ar parecia fluir para fora da caverna no inverno e para dentro no verão. Eles interpretaram isso como a lenta respiração da Terra: inspirando na metade quente do ano, expirando na metade fria. Coisas pequenas e rápidas respiram rapidamente, de modo que algo grande como a Terra só poderia mesmo completar um ciclo respiratório em um ano. Como uma montanha respiraria?

Imagine que você é Shiva, o yogue sentado imóvel no topo da montanha, sólido e firme como a própria Terra, mas eternamente alerta. Como é para você estar relaxado e alerta ao mesmo tempo? Você pode manter uma sensação de vigilância e sensibilidade na testa enquanto seus dois olhos estão fechados?

Soltando a postura

Expire, solte os pés e estique as pernas. Depois de relaxar um pouco, repita pela mesma duração de tempo com o outro pé na frente.

Uma representação de Shiva do sul da Índia, com seus ajudantes, dançando a personificação da Ignorância.

A Dança de Shiva

Postura do Bailarino

Shiva não é apenas o senhor da quietude e da contemplação, mas o senhor de tudo o que vive e se move. O *Kena Upanishad* pergunta o que faz o ouvido ouvir, os olhos verem, os membros se moverem e assim por diante; a resposta a qualquer dessas perguntas poderia ser: "Shiva". O sábio do século VIII, Shankaracharya, que é às vezes considerado uma encarnação de Shiva, escreveu um lindo poema no qual a alma, passo a passo, passa através de todas as coisas que ela não é num sentido supremo, concluindo, a cada vez: "Eu sou a forma do êxtase, eu sou Shiva, eu sou Shiva". Shiva, assim, identifica ou dá nome ao nosso nível mais profundo do ser. Podemos pensar na "realidade" como algo que muda constantemente, assume uma forma e depois outra, sempre em processo de transformação de um estado a outro, mesmo quando na superfície parece estar imóvel.

Observemos uma maçã ou uma pedra. Nenhuma grande mudança ocorrerá na próxima hora, ou mesmo no mesmo dia, a menos que alguém interfira, deixando cair, ou despedaçando, ou colocando na água ou no fogo. Mas as moléculas estão mudando, algumas coisas estão se quebrando e outras se formando. No caso da maçã, em uma semana veremos que ela começa a apodrecer, que é uma maneira de mudar de forma, de modo que novas maçãs possam nascer a partir das sementes dela. No caso da pedra, a mudança pode não ser visível durante toda a nossa vida. O princípio que causa a mudança (a qual abrange tanto a morte e decadência da maçã velha como as sementes que um dia produzirão novas maçãs), esse princípio é Shiva, o Senhor da Dança.

Nas estátuas de Nataraja, Shiva dança sozinho em um anel de fogo. Quando essa imagem tem quatro braços, uma das mãos segura o tambor, que significa tanto o ritmo do tempo como as batidas de nosso próprio coração; a outra gesticula em direção ao seu pé erguido. Uma terceira mão é erguida no *mudra abhaya*, que lembra o gesto moderno que significa "pare" mas, nesse caso, significa "não tema". A quarta está no modo de ensinamento. Um pé, geralmente o esquerdo, está esmagando uma pequena figura disforme, que representa a ação ignorante, ao passo que o outro se ergue, indicando a liberação.

Uma forma particularmente selvagem de sua dança é o *tandava*, um estilo de pisar, poderoso e muito enérgico, associado hoje em dia com a dança do sul da Índia, parecendo-se a uma forma oriental do flamenco. Algumas pessoas consideram que a dança viajou da Índia para a Espanha em caravanas ciganas. A história diz que a partir da fúria e da ira, Shiva criou o guerreiro Virabhadra quando a sua primeira esposa, Sati, foi morta, e dançou num frenesi de amor e dor com o cadáver dela em seus braços até que Vishnu cortou este em pedaços.

A postura de *natarajasana* requer força, grande flexibilidade e grande estabilidade. Ela ensina a permanecermos equilibrados mesmo no meio de intensa emoção e atividade, e nos faz lembrar que todos os atos de destruição são seguidos da ressurreição. Ela também nos desafia a reconhecer nossos limites.

A Postura do Bailarino (*natarajasana*)

Incorporando a postura

Fique em pé em *tadasana*. Expirando, flexione um joelho e leve o pé para trás. Estenda o braço do mesmo lado para trás e agarre o pé ou tornozelo com a mão ou uma correia.

Mova o cóccix em direção ao chão. Deixe cair o peso da perna dobrada a partir da pélvis, puxando o pé em direção à cabeça, estirando a coxa dianteira.

Inspire e estenda o braço livre a partir do ombro.

Expire, ainda segurando o pé, e leve o torso paralelo ao chão, estendendo um braço à frente, segurando o pé erguido com a outra mão.

Alternativas

- Levante o braço da frente acima da cabeça. Segure o pé erguido com a mão de trás, formando um arco nesse lado do corpo.
- Levante os dois braços acima da cabeça e agarre o pé erguido com ambas as mãos. Puxe as omoplatas para a frente, formando um arco para trás com a parte superior do peito, equilibrando o movimento para a frente do peito com o ímpeto para cima do pé de trás.
- Pratique com as costas voltadas para uma parede; quando erguer o pé de trás, repouse a canela na parede para obter equilíbrio.

O torso nessas versões permanece ereto.

Sustentando a postura

Mantenha as solas dos pés apoiadas no chão; sinta a sua base. Permita que o movimento ascendente da postura se fundamente na firmeza da perna e pé eretos. Onde você sente as linhas de energia equilibrando uma à outra? Como está a sua respiração? Como é a sua expressão facial? A sua postura parece mais uma dança de dor e raiva mantendo-se em face de grande tragédia e estresse, ou parece mais uma dança lúdica que explora seus limites? Onde percebe a sua respiração mais claramente nessa postura?

Soltando a postura

Desfaça-a delicadamente. Expirando, solte o pé e abaixe-o até o chão. Traga os braços um de cada lado. Permaneça em *tadasana* com conforto.

Pontos importantes para a prática

Essa é uma postura desafiadora e a postura completa pode não ser fácil para todos os alunos. É raro que ela seja incluída nos livros de yoga pela boa razão de que é mais bem aprendida sob uma supervisão pessoal de um professor experiente. Ela se parece com a postura do arco na ação dos braços, ombros e costas, e se parece com a postura do guerreiro 3 no que diz respeito ao aspecto de equilíbrio na posição vertical, na qual um braço às vezes é estendido para a frente enquanto o peso é equilibrado por um movimento para trás da perna erguida.

Até que ponto você está disposto a ir para desafiar a si próprio? Você aborda alguns asanas como competições? A sua tendência é criticar a si mesmo por não fazer com facilidade as coisas difíceis? O que é ação ignorante? O que é ação inteligente? O que é inação ignorante? O que é inação inteligente?

O Senhor Dattatreya incorpora Brahma,
Vishnu e Shiva num corpo com três rostos.
Os quatro cães representam os quatro Vedas.

Os Três Rostos de Dattatreya

Postura do Triângulo

O universo é triforme em natureza, segundo nos dizem os sábios, e existem trindades onde quer que olhemos. A criação, preservação e destruição do mundo são exercidas por Brahma, Vishnu e Shiva; a nossa existência individual é governada pela tríade inescapável de nascimento, vida e morte. As três constituições do Ayurveda são derivadas do conceito ainda mais básico dos três *gunas*, três "fios" que constituem o "tecido" do ser físico; e o corpo tem três canais principais de energia (*ida, pingala* e *sushumna*).

Na tradição Nath da Índia ocidental, o Senhor Dattatreya é considerado uma encarnação de Shiva. Como Shiva, ele é um renunciante que perambula e, assim como Shiva é o Primeiro Professor de todos os yogues, Dattatreya é o Primeiro Professor daquela tradição específica de yoga. Como Shiva em sua forma Bhairava, Dattatreya é geralmente acompanhado de cães; neste caso, quatro cães, que representam os Vedas.

Dattatreya é uma figura misteriosa, semi-histórica, semimitológica, que é mostrado na iconografia indiana com três faces, que representam Brahma, Vishnu e Shiva. Ele se senta com sua tigela de mendicante próximo à vaca realizadora dos desejos, cercado por seus cães, com um *dhuni* (fogo cerimonial) a sua frente. Enquanto os três dentes do tridente de Shiva representam os três canais principais de energia, o tridente de Dattatreya indica a transcendência dos três gunas através da renúncia. Representações artísticas de Dattatreya são repletas de tríades sutis e formas triangulares, tal como a forma quase ígnea de seu cabelo, ou as curvas de seu cotovelo e pernas cruzadas.

Dattatreya recolhe a ignorância, o agarramento, a aversão e o apego de seus seguidores (as qualidades que causam nosso sofrimento e nosso senso de estarmos presos ao mundo) e os lança aos seus cães, para que estes os comam como se fossem iguarias. O nosso senso de ego pessoal, ele o atira no seu fogo cerimonial para que seja consumido pelas chamas de *tapas* (esforço persistente) e amor divino. Na sua prática, imagine-se oferecendo as suas limitações pessoais às chamas do *tapas* de seu corpo.

Todas as posturas do yoga se desenvolvem em três fases. Incorporar ou corporificar a postura (evolução: a postura saindo do seu corpo) passa para sustentar a postura (duração: as mudanças sutis que ocorrem enquanto você permanece nessa posição por um período de tempo). Soltar a postura (involução: abrindo mão da forma que você assumiu e fazendo seu corpo voltar ao seu estado original) segue-se naturalmente, quando a atividade estiver completa.

Postura do Triângulo (*trikonasana*)

Incorporando a postura

Comece em *tadasana*. Expirando, com um passo largo ou um salto afaste bem os pés, a uma distância equivalente ao comprimento da perna. Você está criando a base do triângulo. Expirando, gire a perna esquerda a 90 graus desde o quadril. Gire a perna direita levemente para dentro. Leve os braços à altura dos ombros. Na expiração, mantendo o calcanhar direito firmemente no chão, alongue as costelas sobre a perna esquerda, levando a mão ao chão, ou ao tornozelo, ou a um bloco de apoio. Alargue as omoplatas e estenda os dedos da mão direita em direção ao teto.

Sustentando a postura

Observe se o cóccix e o topo da cabeça estão alinhados. Alongue a espinha. Um segundo triângulo é formado pela perna da frente, pelo braço da frente e pela espinha, com a cabeça no ápice. Observe a parte inferior das costelas. Observe a parte superior das costelas. Elas estão paralelas umas às outras? Se a parte inferior das costelas se curva para cima, alongue a espinha e mova-a de modo a deixá-la paralela ao chão. Deslize as omoplatas para baixo pelas costas, afastando os ombros das orelhas. Ao mesmo tempo, leve a borda plana inferior das omoplatas em direção à parte superior do corpo, para apoiar a abertura e alargamento do peito. Perceba as formas triangulares das omoplatas e do esterno. Apoie-se na parte inferior das costas. Sinta a conexão da parte superior do braço com a axila e parte superior das costelas. Existe um terceiro triângulo formado por esse braço e a espinha, cujo terceiro lado é o espaço. Você consegue sentir essa forma? Você consegue imaginar os pontos em seu corpo onde o terceiro lado toca a pele? Você tem consciência dos outros triângulos em seu corpo: o sacro, o esterno, as omoplatas?

Observe como, a cada momento, a sua respiração surge, dura por alguns instantes e depois se dissolve. Perceba como a postura é sustentada pela respiração, tanto quanto pelos músculos e ossos; perceba como a postura começa, é sustentada – pelo quê? – e muda com cada respiração mesmo enquanto permanece estável no macronível de carne e ossos. Perceba a sua pélvis em relação às pernas, e como as pernas trabalham de maneira diferente nos quadris.

Soltando a postura

Para retornar a *tadasana*, inspire e erga a parte superior do braço e costelas até que a coluna fique vertical. Expire, traga as pernas a uma posição neutra, de modo que estejam voltadas para a frente e abaixe os braços lateralmente.

Pontos importantes para a prática

A postura do triângulo nos ensina a grande estabilidade a ser encontrada na triplicidade. Os membros são assimétricos, mas a forma geral do corpo permite que você atinja um equilíbrio dinâmico e tremendo. Nesta postura, explore não apenas as formas triangulares descritas pelos seus membros, mas também as experiências internas da ação para diante, ação para trás, energia ascendente, energia descendente e estase. Todas as três qualidades estão presentes. Será que uma está mais presente para você que as outras? Sempre?

Imagine o seu corpo e mente como o instrumento informe da rocha, a partir do qual a postura toma forma; você é o instrumento, e você também é o escultor que tira fora tudo o que não é a postura. B. K. S. Iyengar sugere que tudo o que não é a postura é o ego individual. O que você precisa perder ou do que precisa abrir mão para que a postura se irradie?

Fazendo um diário

Registre as fases que você consegue distinguir em sua vida, em seu dia, em sua prática. Procure a sua volta triângulos ou trindades, na natureza, no ambiente, na sociedade. Essa forma atrai você? Por que, ou por que não?

Os Gunas

Na cosmologia hindu, toda consciência e, de fato, toda vida, emana de uma única substância cósmica (*prakriti*), que consiste em três modos ou qualidades essenciais, os *gunas*. Estes são: *sattva*, a qualidade de iluminação, pureza, bondade, que produz clareza e serenidade; *rajas*, a qualidade de atividade ou mobilidade, que torna a pessoa não apenas ativa e enérgica, mas também voluntariosa e tensa; e *tamas*, a qualidade da escuridão, estabilidade e coibição, que não apenas fundamenta, mas também obstrui as tendências de rajas de se mover para diante e de sattva, de se revelar. Todos os três gunas estão presentes em toda a parte, todo o tempo, mas cada um de nós nasce com uma certa mistura que determina as nossas tendências básicas. Na arte popular e na cerâmica os gunas são evocados pelas cores vermelha, branca e preta.

A representação simbólica de Shiva como um lingam, cercado de oferendas e protegido por uma de suas najas.

O Senhor das Cobras

Postura da Cobra (Naja)

Em geral, representa-se Shiva adornado com cobras; essa era uma entre muitas outras objeções dos pais de Sati ao futuro genro deles, juntamente com seu cabelo fosco e a legião de demônios.

As cobras, especialmente as najas, ocupam um lugar de honra na mitologia hindu. Segundo uma história, o próprio mundo é sustentado pelo corpo enrolado da grande serpente Ananta (o Infinito). É interessante que a mitologia nórdica tenha a mesma imagem, só que nela a serpente é transformada em seu primo, o dragão. Serpentes são misteriosas: elas trocam de pele; as najas, especialmente, podem viver até uma idade muito avançada, o que as torna símbolos de renascimento e regeneração, bem como de sabedoria antiga. Como todos sabemos, no entanto, as cobras podem ser perigosas. Elas podem picar, podem atacar, podem cuspir veneno, podem envolver criaturas menores e esmagá-las até que morram, ou engoli-las inteiras. As cobras podem passar, em um instante, da imobilidade para um movimento de incrível rapidez, o que lhes confere a reputação de deitar em silêncio à espera e, subitamente, atacar.

Por outro lado, sabe-se que as cobras apreciam música e que até mesmo dançam, não apenas ao som da flauta do encantador de serpentes, mas também sozinhas. Muito tempo atrás, uma senhora que conheço passou alguns dias num bangalô na Índia, onde um dos quartos do andar inferior não podia ser usado, por ficar repleto de cobras que entravam e dançavam após o anoitecer. Sem pés, mas rápidas. Sábias, mas imprevisíveis, as cobras parecem existir em alguma estranha guinada na cadeia evolucionária: nós, seres humanos, podemos nos relacionar com elas, ou assim parece, mas será possível saber, de fato, onde nos situamos em relação a elas?

Patanjali, o compilador do *Yoga Sutra,* às vezes é considerado uma encarnação da serpente cósmica Ananta, renascida ao seu próprio pedido para que ele pudesse ver Shiva dançar novamente; ou, às vezes, ele é referido como um seminaga. As estátuas dele mostram uma figura cuja metade inferior é feita do corpo enrolado de uma serpente e a metade de cima é humana. O Povo Cobra (nagas) da mitologia vive sob a terra onde vigiam tesouros ocultos, como os dragões nas tradições europeias. Existe um festival anual, Nag Panchami, no mês de julho ou agosto, quando milhares de serpentes najas são capturadas e levadas aos templos de Shiva, para serem alimentadas de leite e honradas com flores. Após um dia em que pessoas dançam como cobras nas ruas, observando a arte dos encantadores de serpente e exibindo cobras de brinquedo para aqueles que não possuem suas próprias cobras vivas, as najas são libertadas sãs e salvas. Entretanto, os nagas são também uma tribo verdadeira de habitantes da floresta e caçadores, que estão entre os povos aborígines mais antigos da Índia. É possível que a tradição, ao dizer que Patanjali era seminaga, atribua a um de seus pais a condição de membro dessa tribo. Por outro lado, talvez isso seja uma maneira de dizer que o trabalho de yoga de Patanjali é um repositório de antigos tesouros de sabedoria, feito de uma forma utilizável pelos seres humanos, assim como os nagas são os guardiões de tesouros e segredos.

Às vezes a energia em nossa coluna espinal é concebida como uma cobra, enrolada no cóccix, esperando subir através de vários centros de energia até o centro do cérebro. Segundo algumas escolas de filosofia, quando o potencial de energia centrado na parte inferior do corpo é desperto através de yoga e meditação, essa energia serpenteia para cima pela coluna espinal como uma cobra, até atingir a coroa da cabeça, o centro de energia mais elevado. Nesse ponto, ela se torna consciente e o meditador é iluminado. É por esse motivo que tantas estátuas do Buda, a própria encarnação da iluminação, mostra-o com um capelo de cobra tremeluzindo em torno de sua cabeça. Como o Buda, Shiva dominou de tal modo sua mente, energia e emoções, que a cobra não constitui perigo para ele; ele tem o poder, determinação e pureza de neutralizar todos os venenos, e para ele a cobra se torna um colar ou ornamento.

Postura da Cobra (*bhujangasana*)

Incorporando a postura

Deite-se de bruços no chão. Estenda as pernas, mantendo os pés juntos, peito dos pés no chão. Mantenha os joelhos retos, pernas ativas, unha dos dedos dos pés pressionando para baixo. Puxe o cóccix em direção ao púbis. Leve as mãos, com as palmas para baixo, ao chão, ao longo da cintura. Inspirando, pressione as palmas no chão e erga o tronco. Inspirando, erga ainda mais a coluna e o peito; continue a puxar o cóccix em direção ao púbis e o osso púbico contra o chão até que você fique "em pé" sobre o osso púbico, com o peso nas pernas e palmas.

Em vez de pressionar as palmas para erguer a espinha, uma alternativa é manter os cotovelos próximos às costelas com a palma das mãos descansando levemente no chão, a ponta dos dedos das mãos na altura dos ombros. Expirando, recolha a espinha profundamente na parte dianteira do corpo; deslize as omoplatas para baixo nas costas e, a partir das extremidades das omoplatas, erga e abra a parte superior do peito. Quanto mais você recolher a espinha, mais alto as suas mãos se erguerão do solo.

Lembre-se, as cobras não têm mãos. A ação de levantar e o movimento são todos na espinha. Permita que suas pernas sejam parte de sua "cauda".

Sustentando a postura

Respire de maneira profunda e vagarosa. Empurre as omoplatas para baixo pelas costas, erguendo e abrindo as clavículas. Na medida em que a curva na parte superior da coluna se aprofunda, pode parecer natural levar a cabeça para trás; faça isso apenas se você puder manter a parte posterior do pescoço alongada. Erga a base do crânio em direção ao topo da cabeça. Firme as nádegas sem apertar muito. Imagine que você está apoiando a base do cóccix com seus músculos; imagine uma bola de energia percorrendo a espinha desde o cóccix até o crânio.

Soltando a postura

Expire, dobre os cotovelos, descanse a testa no chão, relaxe os músculos. Repita duas ou três vezes.

Pontos importantes para a prática

Imagine que você alarga a base do crânio como o capuz de uma naja.

Pratique tirar as mãos do chão e deixar as palmas suspensas no ar. Você não se erguerá tão alto, mas continue alongando o pescoço; permaneça alargando o seu capuz. Permaneça respirando. Sinta o poder da respiração de erguer, alongar e sustentar você.

Como é mover-se a partir da respiração e da coluna?

Como é mudar a perspectiva, quando você passa de estar deitado no chão para a postura erguida? Você enxerga de maneira diferente, aspira de modo diferente?

Dance com a sua coluna.

Como é dançar sem usar as suas pernas? Como é erguer-se sem usar os seus braços?

Quais "venenos" você gostaria de neutralizar através de sua prática de yoga?

O que significa para você integrar a energia da parte inferior de seu corpo com a sua cabeça?

Como seria estar plenamente consciente, iluminado e continuar sendo você?

Qual tesouro ou sabedoria oculta você gostaria de trazer à luz?

Shiva Bhairava, o mendigo com cães.

Shiva como Mendigo

Posturas do Cachorro Olhando para Baixo e para Cima

Em grande parte da Índia, os cães eram por muito tempo considerados animais selvagens que se alimentam de carniça, algo como os coiotes nos Estados Unidos. Eles eram associados com as margens da sociedade, de asseio e moral questionáveis, barulhentos, espertos, mas não muito confiáveis; primos em primeiro grau das hienas e chacais, e associados a zonas de cremação.

Segundo essa maneira de pensar, os cães eram companheiros naturais para Shiva, que, em seu aspecto destrutivo e asceta, é também encontrado em pontos remotos tais como zonas de cremação, coberto de cinzas, acompanhado de uma legião de demônios e gnomos, que são geralmente descritos "de olhos avermelhados, de tanto tomar *bhang*". (No linguajar moderno, *tomar bhang* equivale a *fumar um baseado.*) Embora seja o Senhor do Universo, Shiva se coloca, de maneira intencional, fora da norma e cerca-se de pessoas ou criaturas que vivem muito além das convenções da sociedade. Isto, como o leitor se lembrará, formava a base do conflito com o rei

Daksha, que personificava o respeito pelas convenções sociais e rituais religiosos em seus níveis mais superficiais.

Quem se sente atraído pela busca de Deus ou do significado da vida? Não as pessoas felizes, que vivem em circunstâncias favoráveis. Como Bhairava, o mendigo com o cão, Shiva representa a realidade transcendente que tenta encontrar as pessoas em circunstâncias desesperadas: párias sociais e os desprivilegiados de todos os tipos.

Entretanto, no Nepal, Tibete e regiões vizinhas da Índia, os cães são respeitados por seu papel de guardiões e protetores. Em algumas partes do Nepal, os cães são associados à Mãe Deusa, e têm até um dia especial durante o festival de inverno de Dassehra. Alguns dos templos escavados em rochas mais famosos da Índia, em Elephanta e Ellora, possuem leões guardando a entrada. Estes não são, entretanto, os leões de pelo liso e macio da Índia, mas criaturas que portam uma notável semelhança com os "cães leões" do budismo chinês ou tibetano, aquelas criaturas mitológicas que guardam templos e palácios nos cumes nevados do Himalaia, onde Shiva faz seu lar, bem como no outro lado das montanhas na China.

Lealdade

Uma linda história que envolve um cão ocorre bem no final de *Mahabharata*. Quando a batalha é perdida e todos os seres amados estão mortos, os cinco irmãos Pandava com sua esposa, Draupadi, partem para a Grande Jornada, caminhando em direção ao norte, para a montanha polar dos Deuses. Eles são guiados pelo irmão mais velho, Yudhisthira, e acompanhados por um cão que se reúne a eles e não os deixa. Um a um, os companheiros de Yudhisthira morrem no caminho, até que apenas restam ele e o cão para chegar até a porta do Paraíso.

"Você é bem-vindo, Yudhisthira", diz Indra, o Senhor dos Deuses, "mas o seu cão não pode entrar."

"Então eu também não posso", disse Yudhisthira. Eles discutem; Indra comenta que Yudhisthira havia deixado todos os membros da sua família para trás, e que esta seria a sua oportunidade de desfrutar da felicidade eterna.

"Eles estavam mortos", diz Yudhisthira, "portanto eu tive que deixá-los para trás. Este cão é dedicado a mim; ele teve muitas oportunidades de me deixar, mas permaneceu ao meu lado. É um pecado contra a conduta correta (*dharma*) abandonar quem é dedicado a você, quem está aterrorizado, ou quem necessita da sua proteção. Ele é meu companheiro. Nós protegemos um ao outro e confortamo-nos mutuamente nessa terrível viagem, e como ele foi leal comigo, eu não o abandonarei."

Com isso, o cão se revela como uma encarnação do próprio Dharma e tanto ele como Yudhisthira entram no reino dos Deuses.

Portanto, como o próprio Shiva, que é ao mesmo tempo o Senhor do Universo, um yogue contemplativo, um homem de família e amante, e o comandante militar de tropas assustadoras de criaturas da zona de cremação, os cães são leais guardiões de reis e templos, aliados confiáveis na guerra e na caça, companheiros brincalhões e marginais perigosos que viajam em matilhas. E na cultura indiana, como na Pérsia, Grécia e Egito, os cães estão associados à morte e a viagem da alma para casa.

Postura do Cachorro Olhando para Baixo (*adhomukhashvanasana*)

Incorporando a postura

Fique sobre os quatro apoios, com as palmas espalhadas e as mãos alinhadas com os ombros. Dobre os dedos dos pés. Inspire. Expirando, erga os joelhos e role o cóccix em direção ao teto. Alargue as omoplatas. Deixe o peso da cabeça alongar o seu pescoço em direção ao chão.

Sustentando a postura

Nas palavras do professor de yoga George Purvis, "Alongue suas garras e afunde suas patas". Alargue as mãos, alongue os dedos. Leve os ombros para baixo por trás e leve as extremidades inferiores das omoplatas em direção à frente do corpo para abrir as suas clavículas e a parte superior do peito. Dobre levemente os joelhos e depois role os ísquios para cima novamente. Perceba se você fica melhor quando joelhos, quadris e tornozelos estão alinhados, ou com os joelhos levemente dobrados. Imagine que sua espinha se estende para formar um rabo. Alongue a extremidade de sua cauda para trás. Isso traz uma sensação de mais extensão na espinha? Imagine que a sua cauda se curva como o de um *chow*[4]. Você consegue levar a extremidade de sua cauda até a borda do sacro? Será que isso intensifica a sensação de erguer os ísquios? O seu cão dá duro para se alongar? Essa postura está difícil, ou você consegue encontrar um local de descanso nela?

Soltando a postura

Expirando, fique nos quatro apoios, distribuindo o peso igualmente em ambos os joelhos. Ou saia da postura caminhando com os pés em direção às mãos até que você esteja inclinado numa curva para a frente com as pernas retas; então leve os braços para trás, leve as mãos às nádegas e, numa expiração, pressione as nádegas para baixo para ajudar a alavancar seu tronco para cima até a posição vertical. Solte os braços lateralmente.

Postura do Cachorro Olhando para Cima
(*urdhvamukhashvanasana*)

Incorporando a postura

A partir da postura do cachorro olhando para baixo, alargue as suas mãos e omoplatas ainda mais. Deslize as omoplatas pelas costas abaixo e erga o peito de tal modo que sua cabeça comece a erguer-se também. Expirando, leve o osso púbico para a frente até que as coxas fiquem quase paralelas ao chão e o peito se erga na direção vertical. Role os dedos para levar os peitos dos pés ao chão. Pressione os pés para baixo, erga o peito e abra o coração. Se quiser, sorria e arqueje um pouco. Onde está sua cauda agora?

Sustentando a postura

Siga sua respiração descendo a coluna, aumentando a distância entre o cóccix e a cabeça. Erga a parte posterior das coxas em direção ao teto e puxe o centro do osso sacro em direção à terra. Torne suaves as costelas posteriores na medida em que você desliza as extremidades das omoplatas para baixo pelas costas; faça uma pausa, inspire e leve o esterno em direção às clavículas. Perceba como você se sente enquanto ergue e abre as estruturas que sustentam o seu coração. Você está encurtando ou tensionando as cos-

---

4. Cão de raça chinesa. (N. T.)

telas posteriores num esforço para erguer o peito? Solte-as, e leve a caixa torácica em direção à cabeça como uma conta em um colar.

Lembre-se como são os olhos de seu cão quando ele está feliz; deixe os seus olhos refletirem as qualidades da alegria, confiança, feliz expectativa. Preste atenção na qualidade de sua respiração, especialmente na parte posterior do corpo; solte qualquer endurecimento nos pulmões ou costelas e deixe que a força dos braços, pernas e espinha sustentem você.

Pontos importantes para a prática

Se for difícil para você sustentar o peso do corpo nos braços, então repouse as coxas no chão, ou mude o ângulo da postura inteira para torná-la menos desafiadora para os braços e pulsos. Uma maneira de fazer isso é erguer o nível das mãos. Por exemplo, na postura do cachorro olhando para cima, use o assento de uma cadeira como base, em vez do chão; pressione para baixo através dos braços, erga o peito e traga o osso púbico em direção à borda da cadeira. Na postura do cachorro olhando para baixo, o apoio das mãos em um assento de cadeira ou em dois blocos irá deslocar mais o peso para as pernas e permitir que você alongue através dos braços e espinha sem submeter seus pulsos e mãos a tensão excessiva.

Algumas pessoas preferem praticar a postura do cachorro olhando para cima com os dedos dos pés encolhidos e peito dos pés no chão, calcanhares erguidos; se a parte da frente dos tornozelos for muito firme, isso pode ser mais confortável do que colocar as extremidades dos pés no chão. Tente ambas as posições com os pés; observe de que forma a colocação do pé afeta as pernas e quadris. Experimente variações: o seu cachorro faria isso.

A postura do cachorro olhando para cima pode se assemelhar a uma postura baixa da cobra, especialmente se você mantiver as coxas no chão, mas não se trata, de maneira nenhuma, da mesma postura. Pense na diferença que existe entre cães e cobras! Pratique ambas as posturas, observando o modo como você utiliza a espinha dorsal, os braços, pernas e respiração em cada uma delas. Reflita que as coisas que parecem semelhantes externamente podem ser bastante diferentes em termos energéticos.

Os cães são altamente intuitivos. Algumas pessoas creem que eles conseguem ver espíritos; e, como qualquer pessoa que goste de cães dirá a você, eles parecem ter uma conexão quase mediúnica com as pessoas que eles gostam. São animais sociais; os relacionamentos com seu "bando" são importantes para os cães. Eles gostam de se manter a par do bem-estar uns dos outros. Os cães adoram a rotina, o que os torna modelos para aqueles entre nós que se esforçam para manter uma prática diária. Os cães são excelentes em "farejar" algo e seguir o cheiro, de maneira completa e obstinada, até descobrir a sua origem, um procedimento que não é diferente da meditação. Essa qualidade de ir atrás de algo com constância, sem desistir, assim como Dharma, em sua forma canina, ficou com Yudhisthira em todas as circunstâncias, me faz lembrar da discussão no *Yoga Sutra* (1.12-15) sobre *abhyasa* e *vairagya*, dedicação e renúncia em prática. Leia e tire suas conclusões.

Em ambas as posturas do cachorro, é possível sentir a maravilhosa sensualidade de ser um cachorro e como é fascinante alongar a espinha dorsal. Ao abrir o seu peito entre os braços, sinta a batida forte e constante do coração. Procure dentro de você a devoção que o faz voltar para a sua prática, vezes sem conta. Algo em nós, seres humanos, é convocado a amar e seguir um professor interno, assim como o cão acompanha Shiva ou Yudhisthira. Talvez seu corpo seja como um cão, que vai lealmente aonde quer que você o leve. Você já ficou tentado a abandoná-lo? Como se sente em relação a uma pessoa, ou ser, que ama e aceita você exatamente do jeito que é? Você faz isso por si mesmo? Escuta o cão dentro de você que sabe, instintivamente, como se sente em relação às coisas? Quantas coisas em sua vida neste momento fazem você querer arreganhar os dentes e abanar a cauda, e pular e lamber o rosto de alguém? Existem áreas de sua natureza canina que podem precisar de disciplina? E se você considerasse a sua prática de yoga como o treinamento de seu cão?

Shiva meditando enquanto a lua em seu cabelo reproduz a Lua no céu.

Por que Shiva Tem a Lua em seu Cabelo

Postura da Meia-Lua

Um dos nomes mais queridos de Shiva é Chandrashekara (Aquele com a Lua em seu Cabelo). A lua crescente move-se como um ornamento em seu cabelo abundante e preso em cima, junto com o rio Ganges, com cobras e às vezes um crânio: às vezes essas coisas parecem bastante amontoadas. A lua, como a cobra, é um símbolo antigo de renascimento e regeneração. Ela representa a natureza passageira, embora cíclica, do tempo.

A cosmologia indiana é baseada no conceito de ciclos que surgem, desaparecem e se iniciam novamente. Isso ocorre num nível macrocósmico, onde um ciclo pode envolver milhares de anos, bem como o micronível humano e observável. Shiva encarna o ciclo cósmico; a lua representa o ciclo humano.

As criaturas restringidas pelas limitações da existência física estão presas pelo tempo. Shiva não está. Shiva representa a ausência de formas a partir da qual todas as formas surgem. Quando um ciclo termina, cósmico ou individual, seus elementos são reabsorvidos neles, apenas para serem reformados e recriados, como uma lua nova que se manifesta no céu noturno.

Quando eu era muito jovem, com menos de 4 anos, eu tinha um tigre pequeno com enchimento de serragem, que era o meu brinquedo favorito. Minha família morava perto da International House na região norte de Manhattan, que era a residência da Universidade de Columbia para estudantes estrangeiros e professores visitantes. Alguém tinha uma pele de tigre inteira no seu quarto no piso térreo; dava para vê-la claramente quando passávamos por lá. Eu tinha um enorme sentimento de satisfação quando levava meu tigre de brinquedo para visitar a pele de tigre. Eu segurava meu tigre no alto para ele ver a pele, e um senso profundo de simetria enchia a minha alma. Lá estava eu com meu tigrinho infantil e ali, naquele quarto grande e de teto alto, havia um tigre enorme que eu, de algum modo, reconhecia como "real". Eu via o tigre grande e tinha a impressão de que o tigre grande via meu tigrinho e me via. Microcosmo, macrocosmo.

Este, em resumo, é o sentido da palavra sânscrita *darshana*: você vê Deus, ou uma imagem que representa o divino para você, e você *é visto*. Um poema infantil diz: "Eu vejo a lua, a lua me vê; Deus abençoa a lua e Deus abençoa a mim". A Lua no céu e eu aqui na Terra existimos em relação um ao outro. A bênção chega com o reconhecimento da relação.

Como foi que a lua se prendeu no cabelo de Shiva? Foi um dos resultados da batida vigorosa do Oceano de Leite. Bem no início deste ciclo de tempo, os *devas* (anjos bons) e *asuras* (anjos rebeldes) uniram forças para bater o Oceano de Leite em busca de *amrita*, o néctar da imortalidade. O monte Meru serviu como o poste de bater e a serpente Vasuki, como a corda de bater. Vishnu, o Sustentador do Universo, conforme vimos, assumiu a forma de uma tartaruga para manter a montanha no lugar em suas costas, e impedir que ela afundasse no mar. Todos os tipos de tesouro surgiram durante o batimento do oceano: Lakshmi, a Deusa da Riqueza, que se casou com Vishnu; Kamadhenu, a Vaca Realizadora dos Desejos; Chandra, a Lua; e, de maneira inesperada, uma névoa mortalmente venenosa surgiu, que queimava os olhos e pulmões de todos e ameaçava destruir toda a vida antes mesmo de *amrita* poder ser descoberta. Para salvar todos eles, Shiva inalou a névoa venenosa e a manteve na garganta para não engoli-la. Mas até mesmo o Senhor do Universo é afetado por suas ações; ele era forte o bastante para que o veneno não o matasse, mas este queimava a sua garganta de maneira terrível, manchando a pele, para sempre, de azul escuro. Por gratidão, e para refrescar a queimadura, a lua foi viver em seu cabelo. Os devas e asuras descobriram de fato o néctar da imortalidade, mas isso é uma outra história.

Postura da Meia-Lua (*ardhachandrasana*)

Incorporando a postura

Fique em pé com as costas a uma distância de cerca de 15 centímetros de uma parede. Expirando, dê um passo largo, de modo que os pés fiquem bem separados. Inspirando, erga os braços até a altura dos ombros. Expirando, vire a perna direita para fora, a partir do quadril. Expirando, leve a mão direita para o chão, ou em cima de um bloco, alinhada com o ombro; na medida em que a mão de baixo desce em direção ao chão, mantenha erguido o outro braço e mão em direção ao teto. Chegar à postura dessa maneira é como fazer meia cambalhota. Na medida em que o braço direito desce, a perna esquerda se ergue, naturalmente, não é? Alinhe o pé esquerdo com o quadril e entre em contato com as duas pernas, desde o centro da barriga até os calcanhares. Um pé se movimenta na direção do chão; o outro pé se move no espaço. Alongue a espinha. Incline a parte superior das costas e omoplatas em direção à parede. Gire a cabeça de modo a olhar para o teto. Leve as duas omoplatas para a frente, em direção ao esterno, e abra a parte superior do peito e clavículas. Imagine a extremidade do pé erguido e da mão erguida como a forma de chifres da lua crescente. Visualize raios de luz saindo dos dedos das mãos e dedos dos pés em direção ao céu.

Sustentando a postura

Confira a sua distância em relação à parede. Se estiver perto demais, dê um impulso para a frente; se estiver distante demais, a inclinação para trás causará esforço excessivo. Você está procurando um lugar onde o corpo se sinta apoiado, leve, livre de tensão e esforço.

Pratique a postura a uns 30 centímetros da parede ou no meio da sala. Você consegue se inclinar para trás no espaço com a mesma sensação de confiança que tinha com uma parede atrás de você? Será que existe um ponto em que a parte posterior de seu corpo "sabe" que há uma parede atrás, mesmo sem tocá-la?

Para a maioria das pessoas, a parte posterior do corpo é profundamente inconsciente. Nunca a vemos de maneira direta e temos que conhecê-la através da sensação e intuição. Será que usar a parede aumenta a sua consciência do que está acontecendo lá atrás? Há uma sensação de restrição?

Como está o quadril da perna erguida? Se sentir cãibra, você deve estar tentando segurar a perna a partir da parte externa. Você consegue erguer o lado interno da coxa dessa perna para apoiar o seu lado externo?

Onde está sua cabeça? Faça uma linha imaginária desde a coroa da cabeça, passando pelo quadril, até o pé da perna erguida. Eles estão no mesmo nível?

Observe a sua respiração. Onde você percebe com mais clareza a respiração?

Imagine essa postura como uma totalidade, como se você estivesse expirando igualmente através de todos os seus poros, mesmo aqueles da face e da cabeça. Isso faz você se sentir mais leve?

Soltando a postura

Faça três respirações. Depois, expirando, alongue o pé erguido de volta ao chão. Sinta como o seu corpo retoma a postura ereta a partir dessa ação. Expirando, solte os braços lateralmente.

Pontos importantes para a prática

O que sustenta você? É realmente a parede? Descubra a interação dinâmica entre o pé erguido e o pé no chão, o braço erguido e o braço no chão.

O que segura a lua? Imagine a si mesmo como se fosse a Lua pendurada no céu. O que sustenta você? Como você se sente quando vê a Lua de modo inesperado?

Que ciclos em sua vida você percebe através de sua prática de yoga? Muitos de nós nos sentimos, em certas ocasiões, entusiasmados e ansiosos para fazer yoga e isso se intercala com outros períodos em que toda iniciativa parece sem graça, sem inspiração, a mesma coisa de sempre. Assim como no tapete para yoga, o mesmo acontece na vida. O que faz você atravessar os períodos de estagnação até que surja a renovação? A devoção? A teimosia? A fé? O mero impulso? Você está disposto a honrar as suas fases pessoais, ou sente necessidade de passar por cima delas?

Os arqueólogos hoje acreditam que os primeiros calendários foram inventados por mulheres, que notaram que seus próprios ciclos menstruais eram semelhantes aos da Lua, e mantinham-se a par dos eventos em conformidade com isso. Você considera que o seu corpo tem uma impressão de tempo e ocasião, independentemente de você ser uma mulher que menstrua? Você já teve a sensação em seu corpo de que "o momento chegou" para alguma coisa?

Fazendo um diário

Você alguma vez teve uma experiência de *darshana*: sentir-se visto, ou numa relação essencial com algo que parecia ser uma unidade com você e, não obstante, muito maior que você? Escreva sobre isso. Se você ainda não teve essa experiência, escreva sobre o que poderia acontecer se a tivesse.

Shiva recebe o Ganges em sua cabeça.
Ele é admirado por Parvati, Nandi
e o sábio Bhaghiratha.

Como o Rio Ganges Caiu na Terra

Postura com as Pernas Levantadas contra a Parede

Se olharmos com cuidado para o cabelo de Shiva, veremos ali uma pequena figura feminina, de cuja boca sai um jato de água. Essa é a deusa Ganges e é do seguinte modo que ela chegou a esse lugar:

Há muito tempo, havia um príncipe chamado Bhagiratha. O seu trisavô, Sagar, era o rei de Ayodhya; algumas pessoas dizem que ele era o décimo terceiro ancestral do Senhor Rama. Sagar era pai de 60 mil filhos. Ele era um grande rei que queria ser maior ainda. Ele executava o Sacrifício do Cavalo, no qual um cavalo era libertado para perambular tão longe quanto podia sem ser detido; se o cavalo prosseguisse sem obstáculos, o rei que o possuísse era considerado o governante de todos os territórios percorridos pelo cavalo. Sagar executou essa cerimônia 99 vezes e a cada vez seu território aumentava. Quando ele iniciou os preparativos para o centésimo sacrifício, o Senhor Indra ficou temeroso de que as propriedades de Sagar colidiriam com o próprio Céu. Quem sabe? Ele poderia até mesmo desalojar Indra de seu trono. Então Indra roubou o cavalo.

Uma vez que Sagar governava a maior parte da Terra, Indra escondeu seu cavalo em Patala, o reino subterrâneo. Por coincidência, o eremitério do sábio Kapila Muni era em Patala, e ele estava sentado em um profundo êxtase meditativo sob uma árvore, próximo ao local onde Indra amarrou o cavalo. Quando o roubo se tornou conhecido, todos os filhos de Sagar, com exceção de um, foram à procura do cavalo. Finalmente eles o localizaram em Patala. Quando viram Kapila Muni e ninguém mais na vizinhança, eles chegaram à conclusão precipitada de que era este o ladrão, e começaram a bater nele. Pode ser muito perigoso tocar um yogue que está em transe; as energias poderosas no corpo dele são capazes de se "fixarem" na pessoa, exatamente como se ela ficasse presa a um fio elétrico carregado. Quando os príncipes atacaram Kapila Muni, o terceiro olho do sábio surpreso se abriu de repente. Ele amaldiçoou a desordem e seus agentes e, em questão de segundos, os 60 mil filhos foram reduzidos a cinzas.

Quando uma ação é desencadeada, seus efeitos não podem ser revertidos, mas podem ser mitigados por novos atos; esta é a lei do karma. Kapila não podia desfazer a destruição dos filhos de Sagar, e estes não podiam reparar o transtorno que causaram ao sábio. Coube à família reparar e libertar as 60 mil almas de seu estado amaldiçoado de desencarnação. Incapaz de anular a sua praga, Kapila acrescentou uma condição: os filhos de Sagar seriam livres para reencarnar quando suas almas fossem limpas pela água da Mãe Ganges.

Sagar tornou-se um eremita da floresta, deixando o reino para seu único filho remanescente, Ansuman, que se desculpou com Kapila. Primeiro Ansuman, depois seu filho Dilip e finalmente o filho de Dilip, Bhagiratha, todos eles fizeram penitências pelo terrível erro de seus ancestrais e rezaram pelo perdão divino. Durante gerações, os filhos daquela família ofereceram os frutos de sua austeridade. E, uma vez que nenhuma ação é realmente perdida, os esforços da família aos poucos acumularam bons resultados. Quando Bhagiratha se tornou um yogue, a sinceridade, fervor e duração de sua prática finalmente ganharam o pleno apoio dos deuses.

Naquela época, o Ganges existia apenas na forma celestial. Na condição de deusa Ganges, ela apareceu como o Rio dos Deuses, ou a Via Láctea. O erro dos ancestrais de Bhagiratha requereu a sua intervenção, portanto Ganges foi requisitada pelos deuses a visitar a Terra para a tarefa. (Percebe-se, ao se ler bastante sobre mitologia indiana, que quando um problema é realmente insolúvel, uma Deusa é geralmente convocada.) Ganges ficou relutante, mas inspirou-se em sua infinita compaixão pela humanidade ignorante e disse: "Eu irei, mas sou tão poderosa que se eu cair na Terra sem nada para me conter, a força de minha queda a destruirá totalmente. Um de vocês terá que me segurar". Quem era forte e estável o suficiente para conter e canalizar um ataque pleno de energia feminina? Apenas Shiva, cuja localização é o pico do monte Kailash, a montanha mais alta e mais próxima dos Céus. Shiva se ofereceu para recebê-la na própria cabeça, onde seu cabelo longo, emaranhado e fosco proveria canais para o rio e permitiria que ela distribuísse o seu poder de modo que nenhum curso do rio dominasse a Terra. Eles resolveram os detalhes; Ganges saltou, Shiva a apanhou, e a força da queda dela levou-a facilmente para o mundo subterrâneo onde os ancestrais de Bhagiratha foram, na mesma hora, libertados, assim que a água tocou as suas cinzas.

Ganges desenvolveu uma afeição materna pelas almas na Terra e assumiu uma manifestação permanente como o rio Ganges. A fonte dela é em Gangotri, perto do monte Kailash; diz-se que a partir dali ela se divide em cem afluentes até que ela forma um delta e se une ao oceano próximo à Baía de Bengala. Em última análise, como fonte de todos os rios, eles, bem como as criaturas que habitam suas águas, são os "filhos" dela. Atualmente, muitas pessoas esperam morrer em suas margens, na Índia, de modo que suas cinzas possam com mais facilidade se unir às suas águas; e mesmo em partes distantes da Índia existe algo de muito confortador em entregar as cinzas de um ser amado à água. Assim como todos os rios são Ganges, todos os rios fluem para o oceano onde toda vida começou.

Postura com as Pernas Levantadas contra a Parede (*viparita karani*)

Incorporando a postura

Coloque um tapete de borracha com a extremidade estreita contra a parede. Ponha um rolo de espuma próximo à parede, mas sem tocá-la; deixe cerca de 15 centímetros de distância. Dobre um cobertor e coloque em ângulo reto em relação ao rolo, para apoiar os ombros e a cabeça.

Sente-se na borda do rolo, com a parte externa do braço direito tocando a parede. Agora deite-se sobre o lado esquerdo. Deslize para trás no rolo até que os ísquios toquem a parede. Em seguida, expirando, gire as pernas para a direita e os ombros para a esquerda. Você deve agora estar deitado com o sacro e a parte posterior da pélvis em cima do rolo, pernas erguidas contra a parede, ombros e cabeça no cobertor. Leve os braços à altura dos ombros, dobre os cotovelos e aponte os dedos na direção da cabeça. As palmas devem estar voltadas para cima.

Sustentando a postura

Leve o cóccix ligeiramente em direção ao chão e sinta as extremidades dos fêmures se acomodando na parte posterior da cavidade pélvica. Se o cóccix não conseguir baixar, talvez você esteja perto demais da parede; verifique a distância de seus apoios, bem como a posição de seu corpo. A barriga deve estar mais ou menos paralela ao teto; o osso púbico deve ser capaz de rolar para baixo, em direção ao chão.

Se os braços estiverem desconfortáveis, tente movê-los um pouco para cima e para baixo. Se os antebraços estiverem erguidos de modo que você precisa dobrar os pulsos para levar o dorso das mãos ao chão, coloque um pano dobrado ou um saquinho para olhos sob os antebraços e pulsos. Observe se isso promove uma sensação de que a parte superior do braço se move em direção à parte de trás da articulação dos ombros (isto é, em direção ao chão).

A sua testa deveria estar apenas um pouco mais alta do que o seu queixo, convidando o olhar para virar para baixo e para dentro. Feche os olhos, ou use um saquinho para olhos se você ficar confortável com um peso leve sobre seus olhos. Relaxe as mãos, deixe o cérebro se afastar da testa em direção à base do crânio e observe a respiração.

Você pode cingir as pernas com uma correia ou tira a meio caminho entre os quadris e os joelhos, ou colocar um saquinho de areia sobre as solas dos pés. Qualquer uma destas intervenções serve para estabilizar as pernas.

Soltando a postura

Depois de haver ficado na postura por tempo suficiente, expire e deslize as solas dos pés para baixo, pela parede. Se você estiver sobre um rolo, erga os quadris e retire o rolo. Leve os quadris ao chão. Então, gire para o lado e use a força dos braços para voltar à posição sentada.

Pontos importantes para a prática

Com as pernas erguidas contra a parede e os braços voltados para cima, imagine o fluxo de uma poderosa força criativa que entra nos dedos dos pés, fluindo através das pernas e pélvis até o seu torso, para o seu peito, costas e braços, pescoço e cabeça. Como um rio, deixe que ele carregue qualquer tensão e detritos que estão parados em seu corpo. Sinta o fluxo de seu sangue, um rio pessoal minúsculo, e o fluxo da energia no corpo ao longo de canais semelhantes. Esteja disposto a abrir mão de tudo que, em você, esteja ameaçando a sua progressão natural em direção ao oceano. O que você quer segurar?

Onde está a linha divisória entre abrir mão e desistir? Reflita que existem coisas que não podemos soltar por nossos próprios esforços, mas que esses esforços podem ser a própria coisa que convida a intervenção divina. Observe a qualidade de esforço em suas pernas. Você tenta mantê-las para cima com sua respiração, seus músculos, sua mente? Onde está a menor quantidade de esforço que permite que a cabeça dos fêmures baixe para o chão enquanto a carne e a pele sobem em direção ao teto?

Imagine a si mesmo como um canal condutor para uma poderosa energia curativa que começa em algum ponto na Via Láctea e viaja através de seu corpo, escoando para o oceano imaginário que circunda a sua cabeça e mãos. Imagine que você corporifica o continente da Índia, com seus pés na nascente do Ganges no Himalaia, os lados de seu corpo sendo as encostas das montanhas, seu peito e barriga, as planícies e sua cabeça e mãos, a costa e o litoral.

Observe a sua respiração. Do modo como você está posicionado, o diafragma tem a cooperação da gravidade para mover-se para cima na expiração, de modo que você deve sentir que sua expiração acontece especialmente sem esforço. Você consegue sentir os pulmões se soltando na curva das costelas? Um deles baixa ou se espalha mais, ou mais rápido, que o outro? Qual é o pulmão relutante? Fique nessa postura por até 20 minutos, se você estiver confortável. Se ficar desconfortável, será que sua mente está inquieta ou é o corpo dizendo que você já ficou na postura tempo suficiente?

Esta é uma inversão, uma postura na qual a barriga está mais alta que o coração. É uma alternativa com apoio para a posição sobre os ombros. Em geral, seu efeito tende a ser refrescante, calmante e relaxante, mas tome consciência de suas próprias reações. Se você sentir pressão nos olhos ou na cabeça, se o pescoço ou as costas ficarem incomodados, se ficar difícil respirar devido a um resfriado ou a uma congestão do sínus, considere simplesmente repousar estendido no chão com as pernas erguidas contra a parede, ou verifique com um professor experiente de yoga se os seus apoios estão na altura e configuração adequadas a você. Geralmente, as inversões não são recomendadas para mulheres em período menstrual, ou para pessoas com glaucoma ou hérnia de hiato.

Arjuna ganhou a mão da princesa Draupadi nesse incomum torneio de arco e flecha.

O Arco de Shiva

Postura do Arco

Uma das formas de Shiva é a de um caçador aborígine. A arma de sua escolha é o arco, que figura em outras histórias como um símbolo do poder divino que pode se tornar disponível para nós se nos prepararmos para lidar com ele. Uma história na famosa e amada epopeia *Mahabharata* oferece um exemplo.

Era uma vez, há um tempo tão longínquo que é quase mítico, um homem agressivo e moralmente inferior, Duryodhana, que ganhou a liderança do reino de Ayodhya por meios fraudulentos. Os governantes legítimos, os cinco irmãos Pandava, foram exilados na floresta por doze anos. Em meio ao seu povo, muitos os seguiram, implorando-lhes que ficassem. Os irmãos recusaram, dizendo que a coisa correta a fazer era aceitar o que havia ocorrido e planejar estratégias para o futuro.

Eles sabiam que futuramente poderia haver uma guerra. Cada irmão praticou a sua própria habilidade especial como uma disciplina espiritual. Eles viviam de maneira simples, como ascetas da floresta, ou atletas em treinamento. Eles se alimentavam de forma frugal, vestiam-se de modo simples e encontraram um certo alívio na distância das intrigas políticas. Eles tinham muito tempo para aperfeiçoar as suas habilidades de guerreiros, o seu equilíbrio, o seu silêncio, a sua respiração, o seu foco, o controle sutil de músculos menores. De muitas maneiras foi uma época feliz, exceto pelos relatos que chegavam até eles sobre o sofrimento do povo: os pobres não eram protegidos, os doentes não recebiam cuidados, e os ricos e poderosos abusavam de seus privilégios de modo cada vez mais descarado.

Concentração

Quando Arjuna e seu primo, Duryodhana, eram estudantes, Arjuna venceu um torneio de arco e flecha planejado pelo professor mestre Dronacharya. Colocando um pássaro de madeira em uma árvore do outro lado do rio como alvo, Dronacharya pediu a cada aluno, por sua vez, que derrubasse o pássaro.

"Descreva o alvo", Dronacharya desafiava cada aluno.

O primeiro disse: "Vejo uma árvore com um pássaro nela; vejo o galho, as folhas, o corpo do pássaro e no centro da cabeça do pássaro, um olho. Esse é o alvo".

Dronacharya permaneceu em silêncio.

O segundo disse: "Vejo um pássaro e, em sua cabeça, um olho".

Dronacharya continuou em silêncio.

Arjuna disse: "Eu vejo o olho no centro da cabeça do pássaro".

"Dispare!", disse Dronacharya.

Dos cinco irmãos Pandava, Arjuna era o melhor arqueiro. A sua concentração era lendária e sua força, quase sobre-humana. Se Arjuna tivesse vivido no Velho Oeste americano, ele seria o tipo de pistoleiro que consegue lançar uma moeda para cima e perfurá-la bem no meio, antes de ela atingir o solo. Mas ele não era um encrenqueiro. Ele e seus irmãos teriam preferido permanecer na floresta a ir aos campos de batalha. Entretanto, eles não podiam esquivar-se ao seu dever e compromisso com o reino, que pertencia a eles por direito.

O próprio mundo dos Deuses apoiava a causa dos Pandava. Os deuses lembram o que nós geralmente esquecemos, que o espírito é indestrutível; que a morte finalmente chega para todos os corpos; que o destino de um guerreiro é defender a justiça e proteger o povo; e que quando nós cumprimos nosso destino sem apego ou aversão, nenhum dano real é causado. Para os deuses, não se devia ficar tão envolvido com o ego a ponto de se iniciar uma guerra, mas se fosse preciso defender aqueles por quem se era responsável, que isso fosse feito de todo coração e sem rancor. Os deuses olhavam para os Pandavas e se perguntavam quando eles iriam agir.

Shiva estava ansioso para dar a Arjuna o seu arco, que ninguém mais, a não ser ele mesmo ou um verdadeiro herói, poderia utilizar. Entretanto, as regras dos guerreiros exigiam que Arjuna o reivindicasse como dele próprio, assumindo seu destino de herói. Shiva não podia simplesmente dizer: "Ei-lo aqui, pegue meu arco". E ele estava ficando cansado de esperar pela solicitação de Arjuna.

Então, rindo-se em silêncio, Shiva assumiu a sua forma de Kirata (um caçador tribal) vestido de peles de animais e portando um arco. Ele transformou sua esposa Parvati em Kirati, com seu próprio arco menor e, juntos, eles se aproximaram de Arjuna sem serem notados.

Arjuna estava no meio da floresta, em pé em uma clareira, executando práticas rigorosas de yoga para atrair a graça de Shiva. Equilibrado em uma perna na postura da árvore, braços erguidos, ele permanecia em silêncio, enraizado, respirando com vagar em meio à luz solar infiltrada. A sua visão periférica havia se tornado tão ampla quanto a própria clareira. Alguma coisa se moveu no canto de sua visão e, de modo inacreditável, ali na clareira, um javali selvagem atacava. Sua mente estava silenciosa demais para pensar; de maneira instintiva, ele pegou seu arco, atirou com precisão e o javali caiu.

Quando ele foi examinar o javali, encontrou duas flechas nele, as pontas quase se tocando: a sua, na frente, e uma outra vinda de trás. Quem fez aquilo? Olhando para cima, ele viu um caçador tribal de pele escura, o cabelo preso no alto da cabeça, vestido com peles imundas, com sua mulher ao lado; com uma atitude possessiva em relação ao javali eles se olharam e seus rostos não eram amistosos. Você pode imaginar o diálogo:

"O que você pensa que está fazendo aqui? Eu cheguei primeiro."

"Esse javali é meu. Eu atirei primeiro."

"Bem, *você* atirou por trás."

Até que finalmente (e era isso que Shiva queria) Arjuna disse o equivalente a "Bem, saque a arma!" desafiando-o para um duelo, e houve um impasse na floresta.

Eles atiraram até que suas roupas ficaram em tiras pela fricção das flechas, até que as setas se quebraram em estilhaços, até que finalmente a aljava mágica, inexaurível, de Arjuna estivesse, se algum modo, esvaziada. Então o caçador escuro colheu um punhado de poeira e soprou-a no rosto do adversário. Arjuna caiu com um pequeno grito, erguendo sua mão... Quando ele recuperou os sentidos, ele estava no chão, e parado sobre ele estavam Shiva e Parvati com um largo sorriso. "Meu Senhor!", disse Arjuna.

"Meu amigo!", disse Shiva.

"Tem certeza de que você está bem?", disse Parvati.

E foi dessa maneira que Arjuna aceitou o presente do arco de Shiva e partiu para o acampamento de sua família para dizer que chegara a hora de se prepararem para a guerra. A história dessa guerra é longa e complicada demais para contar aqui; mas quando ela teve início, estando Arjuna no campo de batalha, em frente ao exército adversário, o seu coração fraquejou por um momento. Ele tinha consigo o arco de Shiva e o Senhor Krishna era o seu cocheiro. A causa dele era justa; mas ao ver todos os indivíduos que morreriam naquela guerra e pensar em todo o sofrimento que estava para ser desencadeado, ele atirou seu arco no chão e disse: "Não vou lutar. Não vale a pena. Ele que fique com o maldito reino".

Então Krishna falou, e o que ele disse a Arjuna é a famosa *Sublime Canção* do *Bhagavad Gita;* este é um dos tratados mais amados do mundo sobre yoga e a vida do Espírito. Uma coisa que permaneceu comigo, desde que ouvi essa história pela primeira vez há quarenta anos, foi: Faça o que eu fizer, devo fazer sem apego, oferecendo a ação e seus resultados a Deus. E se eu, de modo honesto, fizer o melhor possível e deixar os resultados para Deus, as consequências, sejam quais forem, estarão nas mãos de Deus.

Postura do Arco (*dhanurasana*)

Incorporando a postura

Há mais de uma maneira de assumir a forma de um arco esticado, mas vamos tentar o arco simples de bruços.

Deite-se sobre o estômago com as pernas distantes na altura dos quadris, os pés apontando para trás. Descanse a testa no chão. Flexione os joelhos. Expirando, role os ombros para trás e agarre os tornozelos. Inspire e aguarde. Expirando, puxe a parte da frente dos tornozelos fortemente com as mãos, erga os joelhos e levante as pernas e peito do chão. Os braços e mãos agem como uma corda de arco, para tornar o corpo teso como um arco dobrado. Erga a cabeça. Deixe o peso sobre o abdômen, não sobre os quadris ou costelas.

Sustentando a postura

A ação da postura vem da força constante das pernas, equilibrada pelo aperto firme das mãos e a habilidade do peito e ombros de se abrirem. A parte inferior de suas costas irá curvar-se, porque as pernas estão trabalhando com vigor. Não tente criar a curva pela compressão da espinha lombar (área posterior da cintura); mantenha a coluna tão alongada quanto possível. Isso inclui o pescoço; erga a base do crânio para equilibrar o levantamento do esterno.

A sua respiração será rápida, porque o abdômen está estendido, mas respire tão suavemente quanto possível. Deixe a respiração ser a sequência que conecta os elementos de esforço e soltura na postura.

Soltando a postura

Expire, solte os tornozelos, endireite as pernas, leve a cabeça e membros de volta ao chão, coloque uma mão sobre a outra, descanse a testa nas mãos e relaxe.

Pontos importantes para a prática

Onde você sente abertura? Onde sente constrição? Onde encontra o equilíbrio entre o puxão da parte superior do corpo e a resistência da parte inferior? Entre a parte da frente e a parte de trás do corpo? De onde vem a sua força?

Onde está seu foco? O que tira você do foco mais fortemente?

O seu corpo é um veículo adequado para o poder que você tem? A postura está forçada demais? Que tal seria ter essa força e estar alongado e relaxado ao mesmo tempo?

Tome consciência de sua respiração. A parte posterior de sua garganta está aberta ou fechada?

Como você se sente fisicamente? De quais partes de seu corpo você tem mais consciência agora?

Como se sente em termos emocionais? Essa forma faz você se sentir fortalecido ou derrotado? Você usou bem a sua força? Você acha que é provável que, enquanto trabalha para se aperfeiçoar, algum poder superior benevolente, como Shiva na história, esteja encorajando você, em segredo, a fazer exatamente isso? É mais provável que você aceite um desafio se sentir que não será a única pessoa a se beneficiar? Como sabe quando chegou a hora de agir? Como age sem querer se apropriar dos resultados?

Dharma é o princípio da conduta correta. Krishna lembra Arjuna de que, na condição de príncipe guerreiro é o seu dharma, seu dever e responsabilidade, lutar contra a perversão intencional do poder. Qual será o seu dharma?

Shiva como o Senhor de Nandi.

Shiva e seu Touro, Nandi

Postura da Cara de Vaca

A vaca é um símbolo poderoso na cultura indiana; as vacas, como se sabe, são consideradas sagradas. Isto é natural se lembrarmos da antiga cultura pastoral da Índia. Para os pastores nômades, até mesmo para os fazendeiros estabelecidos, as vacas representam riqueza, posição social, até a própria vida. Conheçamos o povo Masat na África, ou leiamos alguns épicos irlandeses antigos, tais como *Cattle Raid of Cooley*, para ter uma impressão global de como outras culturas se sentem em relação ao seu gado.

Portanto, na Índia, as vacas representam tudo que é nutritivo, maternal, generoso, doador de vida, farto, bom. O veículo de Shiva e principal animal de companhia é Nandi, o touro, que é, ao mesmo tempo, forte e viril, um lendário servidor e amigo dedicado. Nandi é geralmente mostrado carregando Shiva e Parvati em seu lombo por todo o universo ou, de maneira mais prosaica, levando seus filhos a passeio, quando a família sai de seu lar, na montanha. Em todos os templos de Shiva, a porta é guardada por uma imagem de Nandi, colocada de tal maneira que, se nos posicionarmos corretamente, poderemos olhar entre os seus chifres e ver Shiva em sua forma anicônica de *lingam* (coluna).

Os rios, especialmente o Indo, são às vezes considerados vacas, por causa do modo como nutriram a cultura indiana ao longo de suas margens. Se pensarmos bem, existe alguma coisa em um rio calmo e ondulante, abastecido de peixes e plantas aquáticas, um lar para pássaros, um bebedouro para animais e pessoas, até mesmo um meio de transporte, que se assemelha às qualidades de uma vaca. O povo indiano utiliza todos os produtos da vaca. Eles bebem o seu leite e o transformam em manteiga, queijo ou doces. Eles cozinham com *ghee* (manteiga clarificada), queimam-na em lamparinas, usam-na como remédio. As pessoas das aldeias usam o esterco como combustível e material de construção: misturado à lama, produz ótimos tijolos; misturado com água, ele produz uma cobertura antisséptica macia e inodora para o chão de terra. É evidente que eles usam a força e a resistência dos bois para cultivar os campos e tirar água, para puxar carroças, até para cavalgar. Quando uma vaca morre de velhice, o seu couro pode ser usado para fazer sandálias.

Quando o rio Ganges caiu na terra, o lugar onde ele aterrissou no Himalaia formou uma geleira. Atualmente é conhecida como Geleira de Bhagirathi, em homenagem ao rei, como devemos nos lembrar, cujas penitências yogues atraíram a sua graça e a de Shiva; e é um lugar de peregrinação. A própria geleira tem picos que se parecem um pouco com orelhas de uma vaca; o mais importante é que há uma abertura a partir da qual o rio Ganges flui. É notável que dessa abertura já sai um rio maduro e não um minúsculo gotejamento, como alguns rios jovens. Os peregrinos vão ali rezar, banhar-se em suas águas na fonte e levá-las para casa com eles, e é um fato que a água do Ganges pode permanecer em um recipiente fechado durante anos, sem se tornar espumosa ou perder a qualidade. Essa abertura na geleira é chamada de Gaumukh (a Boca da Vaca), reunindo as ideias de vaca e rio como uma mãe doadora de vida.

Antes de passar para a postura da cara de vaca, quero contar uma história sobre vacas. É uma antiga história indiana e existem muitas versões, mas esta que se segue é a que guardo em minha lembrança.

Uma vez havia um brâmane que tinha quatro filhos. Quando chegou a hora de sua morte, ele instruiu seus filhos a dividir suas propriedades de modo absolutamente igual. "Não tem problema", disseram os filhos. "E se alguma coisa sobrar", disse o moribundo, "vocês terão que comê-la! Combinado?" O que eles podiam dizer? O desejo de um pai moribundo é sagrado. Eles concordaram.

O velho homem não era rico em demasia, e os filhos eram todos homens íntegros, de modo que conseguiram dividir o vestuário, os pertences da casa e o dinheiro sem muita dificuldade. Mas o gado! Havia onze vacas. Se as dividissem por igual, cada filho receberia duas vacas e três quartos e, sem dúvida, isso não era possível. Seria necessário cortar as vacas. Matar uma vaca é um pecado quase tão grande como desobedecer ao desejo de um brâmane moribundo e comer a carne da vaca restante é talvez ainda pior que matar um brâmane. Suponho que poderiam ter vendido o gado e dividido o dinheiro, mas nesta história não havia essa opção; de qualquer maneira, estas eram vacas específicas, as vacas do pai deles.

O que fazer?

Um dos filhos, ou talvez fosse uma filha, teve uma ideia: eles deveriam consultar o homem santo que meditava em uma caverna fora da aldeia.

"Simples", disse o homem santo. "Eu tenho uma vaca. Eu darei para vocês a minha vaca. Agora vocês têm doze vacas. Dividam-nas igualmente entre vocês. Depois um de vocês me devolve a minha vaca. As vacas terão sido divididas por igual, o desejo do pai de vocês será atendido, ninguém terá que matar ou comer uma vaca."

"Não, não", disseram os filhos, "cada um de nós deveria dar uma vaca a você, de modo que você fique mais rico do que é agora. É o mínimo que podemos fazer para recompensá-lo."

"Está bem", disse o homem santo. "Eu aceito. Mas sabem, vocês só estão me devolvendo o que já é meu, assim como vocês são meus. Não me reconhecem?"

"Pashupati! Shiva!", todos eles exclamaram, caindo amorosamente aos seus pés.

Segundo o homem que me contou essa história, Deus, ou a nossa espiritualidade, é a décima segunda vaca. Quando é preciso tomar uma decisão difícil na vida, quando as coisas não têm lógica, devemos sempre recorrer a um senso de um poder maior na equação e as dificuldades serão resolvidas.

Postura da Cara de Vaca (*gomukhasana*)

Incorporando a postura

Na postura completa, sente-se sobre ambos os ísquios, os joelhos um sobre o outro, pés ao lado dos quadris. Se você olhar para os joelhos, poderá imaginar uma cara de vaca olhando para cima, para você, em que suas pernas e pés são os chifres, ou orelhas. Mantenha as pernas e pés ativos, como uma base; você sentirá um alongamento na parte externa dos quadris.

Mantendo a espinha ereta a partir da base da pélvis, inspire e erga os braços acima da cabeça. Dobre um cotovelo e leve a mão por trás da cabeça, alcançando a área entre as omoplatas com a palma. Abaixe o outro braço até a altura do ombro, gire-o até que a palma fique para cima e depois, expirando, leve esse braço para trás de você, com o dorso da mão contra as costas, palma voltada para fora. Expirando, gire as extremidades internas de ambas as omoplatas em direção à espinha dorsal.

Pare e perceba as sensações nos ombros. Se não sentir dor, deslize a mão de cima para baixo e a mão de baixo para cima até que as pontas dos dedos se toquem; movendo-se com vagar e atenção, continue até que os dedos das duas mãos se agarrem; ou, se você tiver braços longos e ombros abertos, talvez consiga agarrar os pulsos. Você terá um cotovelo para cima, outro para baixo, com o seu peito no meio, como uma cara de vaca, com uma orelha para cima e outra para baixo. Se o joelho direito estiver por cima, o braço esquerdo estará erguido. Se o joelho esquerdo estiver por cima, então o braço direito estará erguido.

Sustentando a postura

Se suas mãos não se agarrarem na mesma hora (e nesse caso, bem-vindo ao clube), segure na mão de cima uma correia de yoga, ou uma gravata velha, na medida em que você forma a postura. A sua mão de baixo pode agarrar a extremidade da correia e enquanto os ombros se abrem, então aproxime as mãos, até que um dia será possível dispensar a correia. Ou não. Seja o que for que estiver agarrando, o trabalho é encontrar abertura e bem-estar nesta postura.

Relaxe a garganta e respire plenamente, todo o percurso até a pélvis. Utilize os músculos das costas para alongar a espinha dorsal e pescoço, e leve as extremidades internas das omoplatas em direção à espinha, criando espaço na articulação do ombro. Use a respiração para criar espaço interno nos lugares apertados. Respire em suas axilas.

Mantenha os pés e quadris firmes. Enquanto você gira os braços nos ombros, gire as coxas nos quadris. Você estará criando uma linha de energia muito firme e focada no seu centro, com os braços e pernas se abrindo para longe dela enquanto, de modo paradoxal, se movem em direção a ela. Os seus joelhos estão bem? Os pés tocam o chão? O que pensa da flexibilidade de seu corpo? Você é paciente com suas limitações?

Observe a sua mente. O que ela faz? Você fica ansioso quando seus braços estão torcidos por trás de suas costas? Há elementos desta posição que parecem forçados? Você tem tendência a se forçar ainda mais em lugares difíceis? Quanto está confortável ao respirar e esperar que mais espaço se desenvolva?

Observe seus olhos, rosto, maxilares, respiração. Onde, nesta postura, você encontra a calma, a qualidade fluida, a natureza de doação generosa de um rio ou de uma vaca?

Soltando a postura

Expirando, solte os braços e traga-os dos lados. Descruze as pernas. Fique em pé, ou deite-se, por um momento, devolvendo ao seu corpo um senso familiar de simetria. Como você se sente?

Pontos importantes para a prática

Esta é uma postura complexa. A metade de cima e a metade de baixo são ambas assimétricas. Como estão seus ombros? Como estão seus quadris? Qual é a sua sensação geral do corpo? Você não consegue uma consciência geral do corpo devido à intensidade da sensação em uma parte? Tente mover sua atenção de área a área até que seu peito e quadris, braços e pernas, estejam todos plenamente presentes em sua consciência.

Fazendo um diário

Como você se sente em relação à história da "Décima Segunda Vaca"? Você consegue se lembrar de alguma ocasião em que uma situação aparentemente insolúvel foi resolvida de maneira pouco convencional?

Afirmação: Existe uma décima segunda vaca.

Markandeya segura firme o lingam de Shiva
enquanto Shiva rompe seu vínculo com a Morte.

Libertação do Cativeiro

Postura do Laço

Pasha em sânscrito significa "laço, ou uma amarra"; *pashu* significa "gado", ou, por extensão, um "ser amarrado". O nó corredio, ou laço, é parte do equipamento básico de um caçador porque pode ser usado para pegar um animal ou transportá-lo. O nó corredio é associado, na mitologia indiana, a Yama, Senhor da Morte, que o utiliza para arrastar à força as almas relutantes, e a Vishnu, que o utiliza para amarrar os transgressores do *dharma* com as amarras da doença, loucura e infortúnio.

Assim como o gado é contido por um laço, os seres humanos podem estar atados por *avidya*, ignorância espiritual. Avidya é o princípio da ignorância radical que nos leva a confundir o cativeiro com a liberdade, o insignificante com aquilo que é importante, o transitório com o eterno, coisas de valor pequeno e passageiro com coisas de valor último e eterno.

Por outro lado, podemos escolher ligar-nos aos princípios (*yamas* e *niyamas*) e disciplinas do yoga. A vida como um ser humano envolve amarras de um tipo ou de outro, até que possamos transcender todas as amarras e nos percebermos como eternos e não diferentes de Deus. No sistema de raja yoga, todo o esforço é no sentido de desemaranhar a nossa consciência de seu falso senso de identificação.

> Eu não sou a mente, intelecto, ego, nem campo de consciência;
> nem audição, olfato, visão ou paladar.
> Eu não sou a fala, mãos ou pés, nem os órgãos
> de reprodução ou excreção.
> Eu não sou o *dharma*, nem propósito, nem liberação, nem desejo.
> Eu não sou o pecado, felicidade ou sofrimento.
> Eu não sou nem o apreciador nem o apreciado; nem morte, medo,
> nem classe social; nem pai, nem mãe, nem amigo,
> nem professor, nem aluno.
> Minha natureza é a bem-aventurança da pura consciência.
> *Shivo'ham.* Eu sou Shiva.

Essa canção muito amada de Shankaracharya leva o devoto através de um processo de não identificação com tudo o que nos amarra a nossa ideia de ser alguém em específico, substituindo essa identidade equivocada com uma afirmação da verdade: *Shivo'ham.* Eu sou Shiva.

Shiva é chamado de Pashupati, o Senhor das Bestas, referindo-se àquele com o laço. Na língua canarês do sul da Índia, *pashu* significa tanto "vaca ou touro" como "criatura e criação". *Pati* significa "senhor, criador". E *pasam* significa "o relacionamento entre o Senhor e a criação, ou as criaturas." Como o Bom Pastor das imagens judaico-cristãs, Pashupari está no mundo para atirar seu laço e trazer de volta à segurança os membros que se desviaram do rebanho. Ele nos ajuda no compromisso com o yoga e com as coisas que, em última análise, nos levam para longe do sofrimento da ignorância até a felicidade ilimitada que é nossa real natureza.

Pasha assim tem um significado duplo. É a coisa que nos ata, seja à ignorância ou à sabedoria, e o meio de libertação desse atamento. Geralmente somos os últimos a perceber quanto estamos enredados em alguma situação e, como um veículo atolado na lama, é necessário um especialista com um ponto de apoio firme, em base sólida, para nos puxar para fora.

Uma outra história dos mitos de Shiva nos fala sobre o seu devoto Markandeya, que estava destinado a morrer com 17 anos de idade. Quando a Morte chegou para apanhá-lo em seu laço, Markandeya envolveu os braços em torno da imagem de Shiva e a segurou. Shiva emergiu do lingam para reivindicar Markandeya como seu, e a Morte teve que desistir de sua pretensão.

Postura do Laço (*pashasana*)

Incorporando a postura

Fique de cócoras no chão, com os pés totalmente apoiados, se conseguir; se não, apoie os calcanhares em um tapete de borracha dobrado. Mantenha juntos os pés e joelhos. Erga os ísquios do chão. Expirando, vire o tronco para a direita, até que a axila esquerda chegue na parte externa do joelho direito. Agora leve o joelho esquerdo levemente para diante para maximizar a torção. Expirando, estenda o braço esquerdo a partir do ombro. Expirando novamente, vire o braço em torno da perna direita. Dobrando o cotovelo esquerdo em direção da perna esquerda, traga a mão para perto do quadril esquerdo. Agora expire e estenda o braço direito a partir do ombro, traga-o para trás das costas, dobre o cotovelo direito e agarre os dedos da mão esquerda com a mão direita.

Sustentando a postura

Expirando, torça a espinha dorsal para a direita, vire a cabeça para olhar sobre o ombro direito. Após algumas respirações, mude de direção e olhe sobre o ombro esquerdo. Mantenha firmes as panturrilhas e as costelas próximas das coxas tanto quanto possível. Respire normalmente. Permaneça por 30 a 60 segundos.

Se suas mãos não se engancharem facilmente, use uma correia de yoga. Se você estiver fazendo a torção para a direita, comece com a correia na mão esquerda e leve a ponta para trás do corpo na medida em que torce esse braço; depois, quando você levar o braço direito para trás, agarre a extremidade da correia.

Adaptando a postura

Mesmo se você não conseguir se sentar de cócoras ou não conseguir fazer mais do que enganchar as mãos em torno de suas pernas nessa torção, você pode experimentar algo da forma da postura. Sente-se em uma cadeira. Eleve os pés colocando-os sobre um bloco ou banco, de modo que os joelhos e pernas possam aproximar-se do peito. Faça um grande laço com sua correia de yoga. Deslize-o sobre ambas as pernas, próximo da virilha. Expirando, traga o braço direito para trás de você; segure a correia com os dedos ou mão. Agora, expirando, leve o braço esquerdo desde o ombro até a parte externa de seu joelho direito. Expirando, dobre o cotovelo esquerdo se possível, ou pressione o antebraço esquerdo na parte externa do joelho direito. Use os dedos da mão esquerda para puxar a correia para baixo e para a direita por cima do joelho; use os dedos da mão direita para puxar a correia para a direita por trás das costas; puxe a omoplata direita para diante e abra o peito.

Onde, em seu corpo, você tenta forçar essa torção: nos ombros, barriga, maxilares, olhos?

Quais emoções surgem quando a sua respiração parece restrita?

O que surge em seu corpo ou mente quando o seu braço é torcido atrás das costas?

Em uma torção, quando as partes do corpo não estão em sua relação costumeira, você fica confuso? A confusão aproxima você da ignorância ou da atenção plena?

Se você não consegue agachar, ou não consegue alcançar as mãos prontamente, o que diz a si mesmo sobre si mesmo? As restrições físicas significam que você é inadequado ou ruim? Existe algum problema em usar apoios ou, de alguma outra maneira, adaptar a postura ao seu corpo? Você comemora o que consegue fazer ou o ignora, concentrando-se em suas deficiências?

Se esta postura for difícil, você prefere simplesmente não fazê-la? Está bem assim?

Tente iniciar a torção a partir do umbigo. Da respiração. Do cóccix.

Tente iniciar a torção a partir dos órgãos internos. Estes apreciam a massagem interna profunda?

Em *pashasana,* você cria o seu próprio laço a partir dos braços, que unem firmemente as pernas ao corpo em uma torção. Onde está a liberdade nesta postura? Na respiração? Na disposição de limitar a si mesmo, de se ater a algo difícil? Na experiência de que você criou essa amarração específica e que pode soltá-la?

Ignorando aquilo que um observador externo poderia pensar dela, qual é a verdadeira forma de sua postura?

Soltando a postura

Solte a amarra das mãos ou cinta, expire, vire para o outro lado. Finalmente, em uma expiração, solte as mãos, libere o torso de volta ao centro, sente-se no chão e estenda as pernas.

Pontos importantes para a prática

Se for verdade que o que fazemos em nossa prática de asanas fazemos também em outras situações da vida, talvez esta postura tenha algo a nos ensinar sobre as restrições criadas por nós mesmos. Que laços emocionais você cria? É possível viver sem nenhum tipo de laço?

Você consegue pensar em uma ocasião em que estava tão perdido ou impedido de prosseguir – em termos físicos, espirituais, emocionais, seja o que for – que você não sabia como agir e alguém ou algo apareceu e o libertou? Você recebeu bem essa intervenção na ocasião? Existe alguma área em sua vida em que seria bom você colocar restrições a si mesmo, mas acha difícil? Como se sente a respeito de facilitar as coisas para si mesmo? O que você valoriza mais num orientador: alguém que encoraja você a levar as coisas num ritmo confortável, ou alguém que o incita a fazer mais do que você acha que pode?

Olhe para os "laços" na ilustração: o laço da morte chegando no menino, os braços de Shiva em torno dele, e os braços do menino em torno do lingam de Shiva. Quais são as coisas que ameaçam "agarrar" você de sua prática? O que faz você recuar? Ao que você se apega mais fortemente?

Fazendo um diário

Usando a canção de Shankaracharya como modelo (*Eu não sou isto, eu não sou aquilo* ... Shivo'ham. *Eu sou Shiva*), escreva o seu próprio manifesto declarando o que você não é e o que você, em última análise, é.

A mãe Kali em seu aspecto feroz
pisa no cadáver de Shiva.

Meditação sobre a Morte

Postura do Cadáver

Atualmente no Ocidente, muitos de nós passamos a maior parte da vida sem nem sequer ver um corpo morto. A morte se tornou pouco conhecida, o domínio de especialistas; enquanto cultura, nós preferimos quando as pessoas morrem em um ambiente médico antisséptico, onde existem médicos que pronunciam a sua morte de maneira oficial e onde os agentes funerários logo comparecem para retirar o corpo. Discutimos se é bom ou não deixar as crianças verem as pessoas que morreram, mas que ainda não foram preparadas para ter um aspecto "natural" pelos especialistas da casa funerária. Mesmo os adultos têm plena permissão cultural para declarar-se perturbados ou sensíveis demais para estar no mesmo aposento que um cadáver. Nós temos a tendência de considerar a morte como um fracasso, um constrangimento, uma injustiça, algo que não deveria acontecer a ninguém, exceto a quem não gostamos. As pessoas religiosas são, de alguma maneira, uma exceção, pois encontram consolo na convicção do paraíso para os seus mortos amados; mas, é claro, existem todas as outras pessoas, que podem ou não estar qualificadas para um paraíso específico... Enquanto voluntária de um hospital para pacientes terminais, e mais tarde na condição de capelão de hospital, eu tive muitas oportunidades de testemunhar as maneiras pelas quais as pessoas respondem à morte e posso afirmar que é raro que aconteça uma aceitação tranquila.

Antes que as coisas ficassem tão compartimentalizadas, isso não acontecia nos Estados Unidos. As pessoas morriam de maneiras muito diferentes e em ambientes tão variados que em certa época era considerado uma bênção morrer na própria cama. A taxa de mortalidade era mais elevada, e há cem anos era raro o lar que não houvesse presenciado diversos caixões sendo carregados pelas escadas abaixo. Nós igualmente sofríamos e ficávamos de coração partido (em relação a algumas pessoas mais do que em relação a outras), mas sabíamos como era um cadáver, porque lavávamos, vestíamos e enterrávamos nossos próprios mortos.

Quando você vê um corpo morto, na mesma hora fica claro que a alma, espírito, força animadora, se foi. Não existe nada mais imóvel do que um corpo cujo espírito tenha partido, e por mais que você reconheça aquele rosto, existe algo indefinível que falta – uma energia. Esse corpo não tem animação; você pode movê-lo, ajustar suas roupas, fazer seja o que for com ele, e ele permanece passivo. É por esse motivo que falamos de um "peso morto" quando temos que levar conosco algo que carece totalmente de animação.

Na Índia, há uma longa tradição de práticas espirituais que envolvem a meditação sobre a morte. Em um país onde, até hoje, muitas pessoas levam a vida inteira ao ar livre, a morte é uma realidade cotidiana e, em termos culturais, as pessoas estão dispostas, no mínimo, a tentar aprender a conviver com ela. Uma história famosa fala sobre uma mulher que foi até o Buda chorando, de coração partido pela morte de sua filha. "Traga-a de volta à vida", ela implorou, "porque você consegue!"

"Eu consigo", concordou o Buda, "e farei sua filha voltar à vida se você trouxer para mim um pouco de semente de mostarda que venha de uma casa onde ninguém tenha morrido." Naturalmente, a mulher na mesma hora procurou em todas as casas da aldeia, mas em cada uma delas alguém havia morrido. Quando ela voltou a procurar o Buda de mãos vazias, a lógica de sua experiência havia começado a ficar clara e ela conseguiu aceitar a verdade: é de nossa natureza morrer. Não há como escapar da morte.

Quando o mundo foi criado, as criaturas começaram a se reproduzir. Logo o mundo estava repleto. Brahma, o criador, quis saber o que havia dado errado. Sarasvati, a deusa da sabedoria, disse-lhe: "Você não tem uma estratégia de saída. As almas têm como entrar no mundo, mas não como sair. Você precisa criar a Morte!". Assim, Brahma fez Mrityu, uma mulher de pele escura vestida de vermelho. Ele ordenou que ela partisse e tirasse a respiração das pessoas, desse fim as suas vidas. Ela ficou horrorizada e fugiu. Shiva encontrou-a chorando. Ele disse a ela: "Não fique tão triste. Eu providenciarei para que todos que morrem possam renascer; a morte não será o final da vida, mas a porta de acesso a uma outra vida. Você será uma matadora, mas uma parteira também." Mrityu tornou-se Mahakali, a deusa escura que devora toda a vida, e Shiva tornou-se Mahakala, o Senhor do Tempo, o Regenerador. Juntos, eles transformam as ruínas de uma criação nos fundamentos de outra.

Postura do Cadáver (*shavasana*)

Incorporando a postura

Deite-se estendido no chão, ou sobre seu tapete de borracha para yoga. Se a cabeça cair para trás, coloque um cobertor dobrado sob a base do crânio; ajuste a cabeça de tal modo que a testa fique no mesmo nível, ou levemente mais alta que o queixo. Estenda plenamente as pernas, depois solte-as; mantenha os calcanhares unidos e permita que os dedos dos pés girem naturalmente para fora. Coloque os braços dos lados com as palmas das mãos voltadas para cima. Encontre a linha mediana de seu corpo e faça minúsculos ajustes até sentir que seus membros estão equilibrados de cada lado. Feche os olhos. Coloque um saquinho de olhos ou um pano escuro dobrado várias vezes, sobre os olhos. Solte os maxilares. Mantenha sua língua, olhos e cérebro passivos. Respire profundamente, mas torne a respiração tão sutil e calma que quase não existe a sensação do ar quente/ar frio passando pelas narinas. Relaxe completamente. Permaneça assim por 15 a 20 minutos.

Sustentando a postura

Simplesmente permaneça. Observe a respiração, observe a mente. Quando a mente começar a divagar, traga-a de volta para a respiração. Observe a pausa no final da expiração. Deixe sua atenção ser levada para essa pausa; espere ali pela próxima inspiração. Mergulhe abaixo da superfície da atenção. Aos poucos, sua respiração se tornará mais vagarosa; cada respiração individual parece, talvez, surgir como uma forma de onda no oceano. De início acontece uma acumulação quase imperceptível de energia, que então começa a tomar forma e movimento. Finalmente, a respiração alcança a borda de suas narinas, assim como a onda atinge a praia. Sinta a respiração tal como ela entra, através das duas narinas, depois se torna parte do corpo e por fim sai, tornando-se singular novamente, fora de seu corpo.

A cada expiração, deixe o corpo relaxar ainda mais no chão. Permita que sua consciência se expanda dentro de seu cérebro; deixe sua paisagem interna ser tão vasta como o oceano ou o céu. Nesta postura, é como se você afundasse na própria base do ser que é Shiva e, dessa perspectiva interna de infinitude, você observa cada respiração, cada pensamento, cada sensação que surge e desaparece.

Meditação sobre a morte do padre Joe Pereira

Imagine que você, enquanto está deitado em *shavasana*, está dizendo adeus a tudo o que é importante para você: seus amigos, seu trabalho, sua casa e, por fim, seu corpo. Diga a cada coisa mentalmente: "Você é muito preciosa para mim, mas você não é minha vida. Eu tenho uma vida para levar e um destino que estão além de você. Obrigado e adeus". Termine essa visualização com a imagem de um encontro com Deus, em que você diz: Você é minha vida".

Soltando a postura

Aprofunde a inspiração. Dobre os joelhos. Role para o lado e use os braços para rolar de volta para a posição sentada.

Pontos importantes para a prática

Observe o que acontece quando o seu corpo se torna perfeitamente imóvel. No início, milhares de minúsculas sensações físicas podem exigir atenção. Na medida em que você abre mão, de maneira progressiva, dessas reivindicações relativas a sua atenção, você pode começar a notar o que surge na mente. Quando você mantém seu foco na respiração, as afirmações mentais também irão se dispersar e, por fim, você irá descobrir um espaço interno silencioso: o pano de fundo contra o qual todo pensamento e sensação surgem.

Pratique entregar-se por inteiro ao apoio do chão. Onde, em seu corpo ou mente, você resiste à entrega, resiste à aceitação do apoio? Procure com paciência os pontos secretos de tensão. Se a posição deitada provocar desconforto na parte inferior de suas costas, eleve as pernas tanto quanto necessário. Se você tiver problemas respiratórios quando deitado estendido no chão, eleve o peito num almofadão; se você precisar de ajuda para sentir-se confortável, consulte um professor experiente para auxiliá-lo a encontrar a configuração correta dos apoios.

Pense: Se você morresse agora, estaria satisfeito com a maneira pela qual viveu?

Imagine a sua vida realmente se esvaindo, de modo que você vai se levantar para uma nova vida. Existe em você alguma relutância em voltar para a vida? Para o que ou para quem você vai dedicar a sua vida de hoje?

Como você quer ser lembrado após a morte? Como uma pessoa amorosa? Um professor inspirador? Alguém que foi muito apto fisicamente?

Fazendo um diário

Pratique mentalmente, ou em seu diário, abandonar todas as coisas que lhe são caras. São essas coisas que fazem você ter medo de morrer? Lembre-se da linda prece de despedida de Shankaracharya, que diz: *Eu não sou isto, não sou aquilo...* Shivo'ham. *Eu sou Shiva.*

No *Bhagavad Gita* (6.23), o Senhor Krishna sugere: "Que a dissolução da união com a dor seja chamada de yoga". Quando começamos a perceber o sofrimento inerente em todos os apegos, a lógica da experiência nos leva a abrir mão. A surpresa é que, na medida em que abrimos mão de nossa identificação com a dor, a nossa verdadeira natureza subjacente revela-se com mais clareza como infinita e eterna, e nós dizemos, com a convicção da experiência: "Eu sou Shiva".

Que a nossa prática de yoga leve todos nós a essa compreensão!

Bibliografia

Anderson, Sandra e Sovik, Rolf. *Yoga: Mastering the Basics*. Honesdale: Himalayan Institute Press, 2001.

Calasso, Roberto. *Ka: Stories of the Mind and Gods of India*. Trans. Tim Parks. Nova York: Vintage, 1999.

Cameron, Julia. *The Artist's Way*. Nova York: Tarcher, 2002.

Coulter, H. David. *Anatomy of Hatha Yoga: A Manual for Students, Teachers and Practitioners*. Honesdale: Body and Breath, 2001.

Goldberg, Natalie. *Wild Mind*. Nova York: Bantam, 1990.

_______. *Writing Down the Bones: Freeing the Writer Within*. Boston: Shambhala, 2006.

Iyengar, B. K. S. *Light on Yoga*. Nova York: Shocken, 1995.

______. *Light on the Yoga Sutras of Patanjali*. Nova York: Thorsons, 2003. [*A Luz da Yoga*, publicado pela Editora Cultrix, São Paulo, 1986.]

Jung, C. G. e Segal, Robert A. *Jung on Mythology*. Princeton: Princeton University Press, 1998.

Kraftsow, Gary. *Yoga for Transformation: Ancient Teachings and Practices for Healing the Body, Mind, and Heart*. Nova York: Penguin, 2002.

Lasater, Judith. *Living Your Yoga: Finding the Spiritual in Everyday Life*. Berkeley: Rodmell Press, 2000.

________. *30 Essential Yoga Poses: For Beginning Students and Their Teachers*. Berkeley: Rodmell Press, 2003.

________. *A Year of Living Your Yoga: Daily Practices to Shape Your Life*. Berkeley: Rodmell Press, 2006.

Mishra, Rammurti (Sri Brahmananda Sarasvati). *Fundamentals of Yoga: A Handbook of Theory, Practice, and Application*. Nova York: Three Rivers Press, 1987.

Narayan, Kirin. *Storytellers, Saints, and Scoundrels: Folk Narrative in Hindu Religious Teaching*. Philadelphia: University of Pennsylvania Press, 1989.

O'Flaherty, Wendy Doniger. *Asceticism and Eroticism in the Mythology of Siva*. Oxford: Oxford University Press, 1973; renomeado *Siva: The Erotic Ascetic*. Nova York: Galaxy, 1981.

________. *Dreams, Illusion, and Other Realities*. Chicago: University of Chicago Press, 1984.

________. *Hindu Myths: A Sourcebook, translated from the Sanskrit*. Nova York: Penguin Classics, 1975.

________. *Women, Androgynes, and Other Mythical Beasts*. Chicago: University of Chicago Press, 1980.

Olsen, Andrea. *Bodystories: A Guide to Experiential Anatomy*. Barrytown: Station Hill Press, 1991.

Radha, Swami Sivananda. *Hatha Yoga: The Hidden Language: Symbols, Secrets, and Metaphor*. Kootenay Bay, BC: Timeless Books, 2006.

Rama, Swami. *Perennial Psychology of the Bhagavad Gita*. Honesdale: Himalayan Institute Press, 1985.

Rig Veda, traduzido e editado por Wendy Doniger. Nova York: Penguin Classics, 2005.

Sparrowe, Linda e Walden, Patricia. *The Woman's Book of Yoga & Health*. Boston: Shambhala, 2002. [*O Livro de Yoga e Saúde para a Mulher*, publicado pela Editora Pensamento, São Paulo, 2003.]

Svatmarama. *Hatha Yoga Pradipika, translated with commentary by Swami Muktibodhananda*. Munger: Bihar School of Yoga, 1998.

Yoga Sutras of Patanjali: Commentary on the Raja Yoga Sutras by Sri Swami Satchidananda. Yogaville: Integral Yoga Publications, 1990.